Agnès Dubuisson Crochart

Choisir la vie

I0130139

Agnès Dubuisson Crochart

Choisir la vie

Se préparer à devenir parents, concevoir un monde nouveau

Experts

Impressum / Mentions légales
Bibliografische Information der Deutschen Nationalbibliothek: Die Deutsche
Nationalbibliothek verzeichnet diese Publikation in der Deutschen
Nationalbibliografie; detaillierte bibliografische Daten sind im Internet über
http://dnb.d-nb.de abrufbar.
Alle in diesem Buch genannten Marken und Produktnamen unterliegen
warenzeichen-, marken- oder patentrechtlichem Schutz bzw. sind
Warenzeichen oder eingetragene Warenzeichen der jeweiligen Inhaber. Die
Wiedergabe von Marken, Produktnamen, Gebrauchsnamen, Handelsnamen,
Warenbezeichnungen u.s.w. in diesem Werk berechtigt auch ohne besondere
Kennzeichnung nicht zu der Annahme, dass solche Namen im Sinne der
Warenzeichen- und Markenschutzgesetzgebung als frei zu betrachten wären
und daher von jedermann benutzt werden dürften.

Information bibliographique publiée par la Deutsche Nationalbibliothek: La
Deutsche Nationalbibliothek inscrit cette publication à la Deutsche
Nationalbibliografie; des données bibliographiques détaillées sont
disponibles sur internet à l'adresse http://dnb.d-nb.de.
Toutes marques et noms de produits mentionnés dans ce livre demeurent
sous la protection des marques, des marques déposées et des brevets, et sont
des marques ou des marques déposées de leurs détenteurs respectifs.
L'utilisation des marques, noms de produits, noms communs, noms
commerciaux, descriptions de produits, etc, même sans qu'ils soient
mentionnés de façon particulière dans ce livre ne signifie en aucune façon
que ces noms peuvent être utilisés sans restriction à l'égard de la législation
pour la protection des marques et des marques déposées et pourraient donc
être utilisés par quiconque.

Coverbild / Photo de couverture: www.ingimage.com

Verlag / Editeur:
Éditions Vie
ist ein Imprint der / est une marque déposée de
OmniScriptum GmbH & Co. KG
Heinrich-Böcking-Str. 6-8, 66121 Saarbrücken, Deutschland / Allemagne
Email: info@editions-vie.com

Herstellung: siehe letzte Seite /
Impression: voir la dernière page
ISBN: 978-3-639-49004-6

CHOISIR LA VIE

AGNES DUBUISSON CROCHART

A mes enfants,
Bénédicte, Damien, Emmanuel

A mes petits-enfants,
Sacha, Zélie, Alcide, Ernestine

REMERCIEMENTS

Mes premiers remerciements vont à Yves Lambert, conseiller à la famille et à la petite enfance au Québec, dont le mémoire " la préparation à devenir parent, vers un accompagnement éducatif – mémoire de maîtrise, université de Sherbrooke » a inspiré le présent ouvrage. Ils vont aussi au Dr Claude Imbert qui m'a formée à la guérison des mémoires prénatales et de la naissance.

De nombreuses personnes ont participé à ma formation personnelle, professionnelle et humaine. Je les en remercie. Je ne les nommerai pas, elles se reconnaîtront et reconnaîtront leurs apports dans ces lignes.

Que soient remerciés aussi les premiers lecteurs qui m'ont encouragée dans ce travail : Jean-Marc Cottet, Ludivine Rebours, Catherine Falquet.

Je remercie également les nouveaux enfants et leurs parents. Les premiers pour leur enseignement auprès des adultes que nous sommes ; les seconds pour leur volonté à les accompagner. Puissent tous les enfants du monde pardonner à leurs parents. Puissent tous les parents valoriser leurs enfants. Puissent les éducateurs et les politiques transformer leur regard.

1ère partie :

**UN PASSAGE DIFFICILE ENTRE
ANCIEN ET NOUVEAU MONDE**

L'ATTENTION PRENATALE PRECOCE
POUR UNE SOCIETE HEUREUSE

Kokopelli est un « *petit personnage bossu et joueur de flûte, de la mythologie amérindienne du Sud-Ouest des Etats-Unis. Dans sa bosse, Kokopelli transporte des graines, des plantes, des bébés, des sacs de chansons, des objets sacrés ou des remèdes. Tout en semant les graines cachées dans sa bosse, Kokopelli souffle dans sa flûte. En faisant cela, il transmet aux semences, le souffle de la vie* » Christiane Pascal, les cahiers de la bio-énergie, n° 55, janvier 2014.

Kokopelli sait très bien que la graine qui donnera une plante est semblable à celle qui donnera un bébé et que l'une se nourrit de l'autre. A l'intérieur des microzymas, ces particules cellulaires, existent des cristaux liquides qui gardent en mémoire notre état premier, celui de notre conception et notre état présent. Ces cristaux sont les mêmes pour les minéraux, les végétaux, les humains. Seule la vibration change. Kokopelli sait bien qu'on fabrique des remèdes physiques avec les plantes et des remèdes psychiques avec des chansons. Il sait aussi que faire l'amour et mettre des enfants au monde sont des actes sacrés qui réclament de l'intimité, de la tendresse, de la transcendance que ne permettent pas les maternités et les techniques modernes.

Mettre un enfant au monde ne fait pas de nous, des parents. La capacité à devenir parent démarre beaucoup plus tôt que nous ne le pensons généralement : dans la tête de la petite fille qui joue à la poupée, dans l'imaginaire des jeunes mariés, dans les rêves de la femme enceinte. Toutes ces représentations mentales auront un effet sur l'enfant à naître dès sa conception. Les conditions environnementales : qualité de la nourriture, de l'air, de l'eau, les conditions de travail des parents, le milieu social, économique et culturel dans lequel il va naître auront également un impact sur son devenir. Dans le même temps, il hérite des mémoires véhiculées dans les deux lignées parentales. Aujourd'hui, les conditions de la naissance ne sont considérées que du point de vue médical et le vécu de l'enfant in-utero est abandonné aux aléas de la vie. Les enfants d'aujourd'hui peuvent être « gestés » dans des sentiments de peur, de culpabilité, de honte non pris en compte. Il existe très peu d'éducation relationnelle et affective auprès des jeunes et peu d'alerte sur les conséquences de relations sexuelles précoces, d'éventuelles procréations ou IVG. Les conditions environnementales deviennent de plus en plus précaires et génératrices de nombreuses maladies et handicaps physiques et mentaux. Ce livre attire l'attention sur les conditions dans lesquelles se fonde la parentalité aujourd'hui et propose une réflexion sur l'amélioration de ces conditions par une nouvelle éducation centrée sur l'humain et non plus sur l'économique. Il est un appel à aider les parents et à changer notre regard sur l'enfant à naître pour le considérer comme une personne dès sa conception.

VOUS AVEZ DIT « PARENTS » ?

En moins de 2 siècles, nos représentations de la parentalité ont bien changé. L'image du "couple marié avec enfant" comme représentation de la famille est surannée. Si pour 63% de personnes interrogées, l'idée de "créer une famille et d'avoir des enfants" reste la première source d'épanouissement, il n'en reste pas moins vrai que 45 % des mariages se soldent par un divorce. La contraception, l'évolution des mœurs et le combat féministe ont aujourd'hui des conséquences qu'on n'avait peut-être pas imaginées dans les années 60. La capacité des femmes à vivre seules et à s'auto-suffire, leur désir légitime de se réaliser autrement que par la maternité ont entraîné un grand nombre de divorces et l'apparition des familles dites monoparentales, recomposées, homosexuelles.

Incarnée par la figure du patriarche autoritaire, voire dominateur, inflexible, l'autorité paternelle façonnée par la religion, la morale, les us et coutumes, s'est trouvée détrônée au fur et à mesure qu'éclataient les structures sociétales traditionnelles, sous les coups de boutoir de l'industrialisation. La 1ère guerre mondiale allait placer la femme en tête de ligne de la production militaro-industrielle et à cette occasion, lui faire goûter une indépendance qui allait l'éloigner de ses casseroles, lui révélant le goût de comprendre le monde, de faire des études. Elle allait gagner sa liberté, de haute lutte, en imitant l'homme. Puis dans les années 70, elle crierait avec Christiane Collanges, *« je veux rentrer à la maison »*, avant de tenter aujourd'hui, un équilibre difficile entre ses obligations de femme, d'épouse, de mère travaillant à l'extérieur.

Dans le même temps, l'autorité de l'école, concurrencée par des moyens de plus en plus nombreux d'accès au savoir, se trouve remise en cause par les jeunes et parfois par les parents eux-mêmes. L'allongement de la durée de la vie, la diminution de la pénibilité du travail, les lois sur la protection de l'enfance font apparaître une nouvelle étape de la vie : l'adolescence. L'augmentation de la population, les brassages ethniques et le choc des cultures, la montée du chômage favorisent la délinquance. Les psychologues, les sociologues de tous bords remontent leurs manches pour tenter de comprendre le phénomène tandis que les politiques cherchent à endiguer un raz-de-marée qui remet en cause leur propre autorité. « Tout fout l'camp », jusqu'aux villes, aux forêts, réduites à néant par un ouragan ou un tremblement de terre.

On cherche des responsables, voire des coupables. Les parents et les enseignants se rejettent la responsabilité de cette déroute, comme si aucun adulte n'était plus en mesure aujourd'hui de se faire obéir des enfants. Le nombre d'individus de moins de 13 ans, impliqués dans des actes de délinquance ne cesse d'augmenter et les criminels sont de plus en plus jeunes. Or, les études de ces dernières décennies font apparaître que le manque de soin pendant la petite enfance et la vie prénatale pourrait être à l'origine de ces violences. Dans des quartiers « mal famés » des Etats-Unis, les enfants conçus, gestés, et « tombés de la vulve des mères », dirait Apollinaire, sans compassion, se transmettent de génération en génération, le manque de concentration et les difficultés d'apprentissage. A l'adolescence, s'ajoute la consommation de drogues. A l'âge adulte apparaîtront les violences conjugales et les problématiques intergénérationnelles : violence des jeunes contre les parents et grands-parents.

Les états accordent à la protection maternelle et infantile, à la protection de la naissance et de la pré-natalité une part importante de leur budget. Néanmoins celle-ci reste insuffisante puisque la part allouée entre 0 et 5 ans, dans cette période où la malléabilité du cerveau pourrait aider à la construction de la sociabilité, est tout à fait mineure par rapport à celle dépensée en matière de santé, de justice et de lutte contre le crime, d'éducation et de services sociaux, de 5 ans à 80 ans. Cette deuxième part du budget décrit une courbe exponentielle. Ne vaudrait-il pas mieux investir sur les fondations de nos maisons plutôt que de passer notre temps à réparer les toits et les murs ? Ne vaut-il pas mieux doter nos enfants de bonnes racines plutôt que de les tutoriser jusqu'à la fin de leur vie ? Même si de grands progrès ont été réalisés, il reste encore beaucoup à faire dans la formation des assistantes maternelles, des enseignants, des personnels de crèches et d'une manière générale, chez tous les personnels de la petite enfance.

Et si la préparation à la parentalité était une clé pour transformer bien des difficultés ? Là où l'on demandait aux parents autrefois, de cadrer leurs enfants, on leur demande aujourd'hui de favoriser l'actualisation de leur potentiel, ce qui remet en cause, la notion même d'éducation. Beaucoup de parents peuvent se sentir mal à l'aise et peu préparés à ce nouveau rôle, n'ayant pas eu eux-mêmes, de modèle parental de ce type. D'autres, mieux préparés par leurs études et leur travail y réussissent mieux. Pour tous, une nouvelle donne se fait jour : ce potentiel existe dès la conception et mérite des soins, dès celle-ci. A défaut d'être un métier, devenir parent devient une mission qui requiert des aptitudes, des qualités, des pré-requis. Celle-ci mérite également les soins des professionnels de la santé, de l'éducation, du social et la création de nouveaux métiers : doula, accompagnant à la parentalité, par exemple.

LA PARENTALITE DEMARRE

AVANT LA CONCEPTION

La sagesse grecque raconte l'histoire suivante : Socrate reçoit un Athénien qui lui demande des conseils pour son enfant de 5 ans. Socrate lui dit : « Tu arrives trop tard ». L'Athénien revient à la naissance de son deuxième enfant. « Tu arrives trop tard », dit Socrate. Pour le 3ème enfant, l'Athénien arrive avant la conception.

La conception

La vie constitue un continuum de la conception à la mort. Elle ne commence pas à la naissance, mais à la conception. Il n'y a pas de séparation entre la pensée et le corps. Tout changement intervenu dans la pensée, affecte le corps et vice-versa. La façon dont les êtres humains se développent et apprennent, dépend de l'interaction dynamique entre la nature, c'est-à-dire les fondements génétiques individuels et les conditions extérieures c'est-à-dire : l'alimentation, l'environnement, les soins, la stimulation, l'éducation qui seront fournis en abondance, en excès ou au contraire, qui manqueront. Les enfants et leur famille font partie intégrante de différentes communautés élargies ou matrices socio-culturelles : le quartier dans lequel ils vivent, l'église qu'ils fréquentent, l'école, l'entreprise qui véhiculent des valeurs, des croyances, des expériences, des compétences qui se transmettent à l'enfant dès sa vie prénatale.

Si Dieu créa le ciel et la terre en 7 jours, c'est peut-être tout simplement que nous gardons en nous, dans notre mémoire profonde, le souvenir des sept premiers jours de notre vie, un voyage qui va de l'ovulation à l'implantation, à travers la trompe de Fallope. Comme une aspiration dans un monde nouveau qui se crée en même temps que nous nous créons. Comme un big-bang originel, les mêmes lois régissant toutes les formes de vie. L'embryologie reproduit la création et le fonctionnement de l'univers. Une cellule, l'ovule fécondé, va construire le corps physique, psychique et spirituel en 9 mois, récapitulant la phylogénèse qui a duré plus de 900 millions d'années. La multiplication cellulaire va créer 100 milliards de km d'ADN cellulaire programmant, trésor que l'enfant actualisera dès sa naissance.

Une conception humaine à l'image de la conception de toute vie. La Terre est un organisme vivant et dynamique traversé par des forces puissantes. C'est ce que révèlent les satellites qui observent la planète, confirmant ainsi ce que tous les chamanismes expriment depuis la nuit des temps. C'est la rencontre de l'eau et du feu qui crée la vie et c'est au fond des océans qu'elle est la plus féconde. C'est dans le cycle de l'eau et sa rencontre avec les éléments en fusion dans les entrailles de la terre, à l'occasion des éruptions volcaniques sous-marines, que se créent tous les éléments nécessaires à la vie.

Le feu, l'eau, la glace entretiennent le cycle de la vie. Ces éléments travaillent ensemble au sein d'un système complexe très ancien. Chacun de ces processus participe à l'élaboration de la vie. Les plantes transforment la terre depuis des millions d'années. Elles ont modifié la composition de l'air et redéfini l'espèce humaine telle qu'elle est aujourd'hui. Soumises au rythme circadien, les cellules de notre corps fabriquent les vitamines indispensables à la peau. La magnétosphère protège la planète des rayons du soleil. Les aurores boréales protègent la vie. Ainsi la Terre, organisme vivant, possède sa propre « mère psychobiologique » ou « mère profonde » qui par tous les moyens à sa disposition concourt à la maintenir en vie, en équilibre, en santé. L'homéostasie de la planète est assurée comme elle est assurée dans tout organisme vivant.

Etre sur cette terre, quelle chance ! Nous sommes le produit de l'unique spermatozoïde accepté par l'ovule de notre mère. Un seul sur 400 millions ! Nous avons échappé à la mort des 399 millions d'autres ! Le spermatozoïde qui s'approche de l'ovule entame une parade amoureuse. Celle-ci refuse un grand nombre d'avances de différents prétendants et accepte de s'ouvrir seulement à l'un d'entre eux ; premier choix, premiers émois amoureux. Pour le spermatozoïde, l'entrée dans l'ovule représente le premier problème à résoudre, le premier défi, la première solution, la première pénétration. C'est le moment d'un choix cornélien : rester ou… mourir ! L'anandamide, un cannabinoïde va être le « médiateur » de la décision et du premier contrat mère-enfant. Il se renégociera à l'adolescence lorsque l'enfant dans sa révolte, dira : « je n'ai pas demandé à naître ! » et… consommera du cannabis. Entré dans l'ovule, le spermatozoïde perd à la fois, son flagelle et sa pellicule protectrice et il envoie un signal qui ferme la membrane pour empêcher l'accès aux concurrents. Symboliquement, il dit déjà : « je suis chez moi, ce territoire m'appartient. Défense d'entrer ». Et aussi : « celle-ci m'appartient ». Et il le redira quand sa libido se fixera sur une seule personne : « tu es à moi…tu m'appartiens…Je t'appartiens… ». Ainsi commence la première fusion amoureuse, la fusion mère-enfant. Ainsi s'originent peut-être notre premier scénario de vie et notre premier jeu de pouvoir ? Dès le début, « tout est écrit ». Le lieu de pénétration du spermatozoïde, le lieu de la rencontre va définir la forme de l'embryon. Les cellules sont prédéterminées dans leur devenir. L'œuf créé est un concentré d'informations. Il est porteur de toute l'histoire de la vie, de la première cellule vivante à l'être humain et d'un projet de vie qui cherchera par tous les moyens, à se réaliser. Entre le 7ème et le 12ème jour, les informations de l'inconscient universel, collectif, social, religieux, familial ainsi que les états émotionnels de la mère, s'engramment dans la 1ère structure neurologique, du cœur vers le cerveau puis vers l'intestin. Au 21ième jour, l'univers impulse son rythme, au cœur. La vie a commencé.

La croissance du chêne dépend du germe, à l'intérieur du gland et de ses différentes matrices environnementales : la nature du terrain qui l'accueille, la qualité de l'humus, la protection de la forêt, la pluie, le soleil. De la même manière, la qualité de l'humain dépend de celle de sa 1ère cellule, 1ère matrice de vie et de celle de son environnement intra et extra-utérin. Comme le jardinier prépare la terre avant de l'ensemencer, il appartient aux couples, de travailler leur matière première par la nutrition, la respiration, la relaxation, la pratique des arts… La recherche révèle que les parents ont un rôle d'ingénieurs génétiques pour leurs enfants pendant les mois précédents la conception. Dans les derniers stades de maturation de l'ovule et du sperme, « l'imprégnation génomique » ajuste l'activité de certains gènes, qui vont façonner le caractère de l'enfant non encore conçu. La façon de vivre des parents dans cette période influencera le corps et l'esprit de l'enfant. C'est pourquoi il est préférable que le couple souhaite cette naissance et prépare la conception : ils peuvent choisir le lieu, installer une atmosphère de beauté avec de la musique, des senteurs, des couleurs, et entretenir des pensées d'amour et d'harmonie créant dès les origines, pour le futur enfant, une aptitude particulière au bonheur.

La gestation

C'est par les hormones que s'établissent les 1ères transactions mère-enfant quant à leur co-habitation. A la surface de l'ovule, au moment de la fécondation puis de la nidation, l'Insulin Growth Factor, s'active à la vascularisation du placenta pour un échange de qualité entre la mère et le fœtus. La 1ère cellule communique avec la « mère profonde », ou « mère psychobiologique », c'est-à-dire cette capacité du corps féminin à satisfaire les besoins de la mère et de l'enfant et à les faire grandir. Tout au long de la grossesse, la « mère profonde » va protéger la mère et le bébé de la douleur et du traumatisme, en sécrétant en même temps les endorphines et l'adrénaline. Les endorphines « hormones du bonheur » et l'ocytocyne « l'hormone de l'amour », facilitent et renforcent le lien entre la mère et l'enfant. L'ocytocyne préparera la femme à l'accouchement et en association avec la prolactine, à la lactation. Celle-ci apparaît vers la 4ème semaine et prépare les glandes mammaires. Tout au long de la grossesse, ces hormones permettent l'adaptation physique et psychique de la mère à ses nouveaux besoins et à ceux de l'enfant.

De son côté, l'homme se « paternalise ». S'il est engagé dans la relation affective, la progestérone et la prolactine s'accroissent, l'amenant à concentrer ses énergies sur l'affectivité, l'invitant à la "couvade", à la protection de sa famille ; la testostérone diminue entraînant un affaiblissement de la libido et de l'activité sexuelle. Certains hommes prennent du poids et on a pu parler de « la grossesse du père ». L'accouchement étant un phénomène non seulement physique mais également psychique, on peut dire des parents bien préparés qu' « ils accouchent ». A ce moment, les échanges affectifs entre les parents augmentent la production d'ocytocyne et l'intensité des contractions, les endorphines créant une analgésie naturelle.

La manière dont nous sommes accueillis au moment de la conception et au moment de la naissance, la manière dont nous sommes « gestés » va déterminer la manière dont nous nous sentirons accueillis dans les 1ères fois de notre vie (première rentrée scolaire, premier contrat de travail, premier baiser, première relation sexuelle) et la qualité de nos relations. Il est donc vital pour tout être humain se préparant à venir au monde d'être désiré, attendu, de recevoir la chaleur du corps de sa mère et de son amour, dès sa sortie du ventre maternel. Il lui est vital de se nourrir tout de suite. Il connaît naturellement le chemin du sein et sait téter. Dans ce cocon énergétique formé par les émotions de la mère et de son entourage, l'ambiance qui émane d'elle, la chaleur des bras et du sein, l'atmosphère du lieu, s'installent les 1ères fondations de la santé et de l'immunité de l'enfant, la base du sentiment de sécurité et du contact social. Ainsi se créent l'attachement aux parents, à la famille, à la société, aux multiples lieux d'accueil qui jalonneront notre vie : communauté médicale, éducative, sociale, religieuse… Ainsi démarre une histoire d'amour… ou de haine… pour un pays, un métier, une odeur…

PARENTS A LA MATERNITE

La manière dont nous sommes pris en charge par la société ou l'état, dès notre conception et jusqu'à notre mort, si elle est souvent synonyme de sécurité, peut être aussi très inquiétante en ce qu'elle limite considérablement notre liberté. Centrées à l'origine sur le soin et l'aide, les structures oublient souvent leur but premier et fonctionnent comme si elles étaient leur propre finalité.

Pour son premier enfant, Muriel s'est préparée minutieusement. Elle s'est présentée à tous ses rendez-vous médicaux et a scrupuleusement observé les conseils qu'on lui a donnés. Elle s'est documentée. Elle a pratiqué le chant prénatal. Le jour J, elle respire en conscience et accompagne la douleur avec le souffle quand tout à coup, la porte de sa chambre s'ouvre et une infirmière lui dit : « bon, ca va comme ça. Fini de rigoler. Il faut y aller, maintenant. » Ce genre d'intervention suffit parfois à arrêter le processus d'accouchement. Muriel quant à elle se sent tout à coup, désemparée, traitée comme une mauvaise élève qui s'est octroyé le droit d'une initiative personnelle.

« Si les femmes accouchent naturellement, qu'allons-nous faire de notre technologie ? » disait un jour, un médecin. Les hommes sont face à leurs appareils comme des enfants face à leurs jouets. Le plaisir qu'ils apportent dans leur utilisation est devenu la finalité en soi. L'éducation fait de nous, des enfants adaptés, soumis. La femme qui laisse sa voiture sur le parking pour entrer à la maternité, redevient une petite fille soumise à l'autorité incarnée par le pouvoir médical. Elle échange sa liberté d'être et de penser contre le protocole hospitalier censé assurer sa sécurité et celle de son bébé. Or, les caprices de Louis XIV imposant à sa maîtresse de se coucher sur le dos pour qu'il puisse voir arriver son rejeton, a encore 3 siècles plus tard, des conséquences désastreuses. Cette position anti-physiologique lutte contre la pesanteur et oblige à des pressions sur le ventre pour faire descendre un bébé qui glisserait tout naturellement sous les contractions de l'utérus si sa mère était en position verticale.

En économie de marché, la femme qui accouche est un objet de rentabilité. Les maternités sont devenues des usines à bébés comme en témoigne le film, « *Le premier cri* » qui présente en Asie, un hôpital où s'effectuent plus de 700 accouchements par jour. « Il prend le bébé comme un rosbeef », me disait l'ami venu voir le film, avec moi. Qui dit rentabilité dit rapidité. Les injections d'ocytocine, pour accélérer la dilatation du col, ne laissent pas aux tissus le temps de s'imprégner d'hormones et de se détendre à leur rythme. Le corps de la mère gardera en mémoire des souffrances qui auront leur part dans le baby-blues ou se réactiveront à une autre occasion, et le bébé engrammera dans ses cellules : « on ne respecte pas mon temps, mon rythme, on ne me respecte pas ». Parfois encore, l'orgueil et la suffisance des médecins posent sur le patient un regard froid sur un corps, objet d'étude. A cet instant, « c'est foutu », pour le respect dû au malade, à la femme qui accouche, au bébé qui naît. Le respect n'est pas seulement une notion éducative, c'est une attitude qui s'engramme dans nos cellules, dès la conception.

« *Vous vous imaginez, sur le dos, les pattes en l'air ?* », demandait Catherine Dolto à une jeune-femme venue préparer son accouchement avec elle. Celle-ci ajoutait : « *elle a bien fait, car finalement, c'est ce qui s'est passé et si elle ne m'en avait pas parlé, je ne l'aurais pas imaginé* ». Peut-on accoucher et venir au monde dans la dignité ? Les statistiques montrent que les accouchements difficiles sont la plupart du temps liés à une absence de préparation psychologique. Les femmes sont de plus en plus en demande d'un accouchement plus respectueux d'elles-mêmes, de leur nature profonde et de celle de leur bébé. La demande pour les sages-femmes libérales dépasse l'offre : il n'y en avait que 166 en exercice au 31 mars 2012. Il doit y en avoir bien moins aujourd'hui, dans cette période où l'hypocrisie gouvernementale impose aux sages-femmes des assurances professionnelles égales à celles que règlent les obstétriciens dont la pratique est bien plus risquée et les salaires largement supérieurs. « *Il faut obliger les femmes à accoucher comme on l'a décidé !* », déclarait un vieux médecin, au sommet du développement durable, à Rio. C'est la femme qui accouche et c'est l'homme qui lui impose la manière de faire ! Dans quel conflit de sexes, dans quelles mémoires sommes-nous encore, ici ? En lisant le livre de Paulo Coelho, « Aleph », j'avais été ébranlée par la ressemblance du lit de torture qu'il décrit où l'on couchait les soi-disant « sorcières », autrement dit des femmes dont la libre expression gênait les hommes et les lits d'accouchement modernes. Même voyeurisme, même emprise du masculin sur le féminin. Ce sentiment me semble partagé par un certain nombre de femmes et d'associations qui s'expriment de la manière suivante, sur internet ou facebook : « *Maternité, la main-mise sur le sexe des femmes…la liberté de choix pour l'accouchement est représentative de la liberté dans un pays… ».*

Le sentiment de déshumanisation, dans les maternités est bien expliqué par Julie Menuel, dans son mémoire de master en sociologie, « devenir enceinte » : « *Les examens sont les outils du contrôle, en l'occurrence, contrôle des corps. Le corps des femmes enceintes est scruté par les outils techniques. L'emprise de la technologie a induit un rapport au corps et un type de suivi qui engendrent chez les femmes un sentiment de déshumanisation. Ce sentiment est d'autant plus fort lorsque le suivi a lieu dans l'institution de la maternité, même lorsque celle-ci prône la non médicalisation et le respect des processus naturels du corps des femmes comme c'est le cas à P* ». (Maternité dans laquelle elle a réalisé des entretiens). Et l'intérêt porté par l'obstétricien à ses appareils est souvent plus important que celui qu'il porte à sa patiente.

L'évolution, à travers des processus épigénétiques et transgénérationnels qui nous deviennent compréhensibles, a appris à la femme comment accoucher et elle a enseigné à l'enfant comment venir au monde. L'assistanat via le recours exagéré à la technologie a rendu les femmes craintives et incompétentes. Le savoir faire s'est perdu durant les 2 dernières générations. Aujourd'hui, l'attitude des pouvoirs publics qui contraint les femmes à accoucher en structures médicalisées, le plus souvent dans des grands centres dépourvus d'intimité, à des distances de plus en plus importantes par rapport au domicile, est une discrimination à la liberté de la femme à disposer d'elle-même et de son corps.

PARENTS SALARIES

Les jeunes parents d'aujourd'hui sont également des salariés et leurs nombreuses casquettes les conduisent à des exercices de jonglerie parfois périlleux. « Quelque-chose s'est cassé entre mon patron et moi », me raconte Claudine, jeune ingénieure dans un domaine très pointu de la plasturgie… Je lui ai fait un enfant dans le dos ! ».

Son patron, Claudine le connaissait de longue date. Il avait été son professeur d'université. Entrée à son service, dans son entreprise, comme une fille dévouée, elle lui avait donné tout son temps. Quand elle lui a annoncé sa 1ère grossesse, ce monsieur s'est senti trahi comme si elle lui avait juré fidélité jusqu'à sa retraite. Ce qui est un peu le cas, puisqu'elle lui a promis de rester à son service jusqu'à son départ. Pourtant Claudine est lasse de son travail et surtout des conditions dans lesquelles, il s'exerce. « Les clients nous appellent le vendredi soir et ils veulent une réponse pour lundi. Ils n'en ont rien à faire si j'y passe tout mon week-end et que je travaille jusqu'à 3 h du matin, pendant que mon mari s'occupe des enfants ! Ils ne disent même pas merci et il faudrait en plus, que je leur offre le café ! »

Ce patron-là a eu 3 enfants qu'il a très peu suivis et qu'il a confiés à sa femme. Devenu grand-père, il trouve que 3 petits-enfants, c'est fatigant. Claudine aussi a 3 enfants maintenant. Son patron ne comprend pas que pour elle, le travail ne soit pas la priorité. Quant à elle, harmoniser sa vie familiale, sa vie professionnelle, ses engagements sociaux relève du casse-tête. Loin de sa famille, quand les enfants sont malades, elle tire au sort qui d'elle-même ou de son mari restera pour les garder à la maison, avec en prime pour l'un comme pour l'autre, un sentiment de malaise par rapport au travail. « C'est dur ajoute-t-elle, quand on arrive dans une nouvelle région, pour des raisons professionnelles, que la famille est loin, d'être seuls pour s'occuper des enfants. Pas de mamie, de sœurs ou de frères à qui les confier ».

« Ma fille était à l'école maternelle en ville, me dit Louise, chef d'une famille monoparentale. Ca me coûtait 90 € par mois. Maintenant que nous sommes à la campagne, ça me coûte 200 € par mois. C'est lourd, dans le budget ! »

Ces situations interrogent l'entreprise et l'état sur la prise en compte des forces vives de la nation. Comment traitons-nous les actifs sur qui repose notre économie ? Avons-nous conscience de ce qu'ils donnent et de ce qui est demandé aux enfants de ces mêmes parents ? Ceux-ci ont besoin du soutien de leurs matrices environnementales : soutien de l'entourage familial et à défaut de l'entourage social ou professionnel. Les compétences parentales s'inscrivent dans les compétences environnementales et rentrent dans une responsabilité partagée. Il est du devoir de la société de soutenir les parents dans leur rôle éducatif et prévenir ainsi des difficultés chez l'enfant. Il appartient aux états autant qu'à l'entreprise de mettre en place des conditions environnementales et sociétales favorables aux parents et par ricochet au développement de l'enfant et à une relation éducative de qualité. Les recherches actuelles démontrent que la violence d'un enfant dans sa famille peut s'expliquer non seulement par l'incompétence parentale mais aussi par le faible soutien que reçoit la famille. Ce soutien peut prendre différentes formes : collaboration avec les parents, soutien psychologique auprès des familles, partenariat avec le monde de l'éducation, de la santé et du social. Ce ne sont pas les bonnes volontés qui manquent mais le dialogue entre l'école et les parents devient de plus en plus difficile.

Lyse est couturière à Paris. Elle est responsable de l'ouverture de l'atelier et donc chaque matin, elle arrive la première. Lyse est enceinte. Ce matin-là, elle a du mal à se lever. Elle se sent fatiguée. Elle resterait bien au lit mais dans ce cas, les collègues ne pourront pas travailler. Elle se lève courageusement et part au travail. Dans le métro, son regard se brouille à côté d'un homme qui remplit un distributeur de boissons. Elle perd connaissance, tombe, revient à elle. Elle repart. En chemin, elle constate qu'elle a perdu les clés de l'atelier. Elle rebrousse chemin, retrouve l'homme du distributeur, l'interroge. Il n'a pas vu les clés. Il ne l'a même pas vue s'écrouler à ses pieds. Personne n'a rien vu. Personne en tous cas, ne s'est arrêté pour lui porter secours. Elle rentre chez elle, s'empare d'un 2ème trousseau de clés et repart à l'atelier. Elle n'est même pas en retard.

Les grands-parents, soulagés de la tournure heureuse des événements, racontent cette histoire en riant. Ils ne savent pas qu'en réalité, un drame s'est joué là. Quand Lyse perd connaissance, son bébé se sent mourir. Brutalement, sans aucune préparation, il fait l'expérience de l'abandon et de la mort. Personne pour l'aider ! Personne dans le métro ne s'arrête pour porter secours à sa maman, personne n'a conscience de ce qu'il est en train de vivre. Lyse elle-même ne sait sans doute pas, ce que signifie cette perte de connaissance, pour son bébé. Elle est contente d'elle. Elle a rempli son devoir. Elle n'a retardé personne. Elle va pouvoir travailler !

Le stress

Le stress qui affecte les femmes qui travaillent peut avoir des conséquences inattendues allant d'une déminéralisation des dents jusqu'à la naissance prématurée, en passant par le risque de suicides. Les hormones du stress ont une influence directe sur la dentition de l'enfant à naître. Elles ralentissent ou arrêtent leur minéralisation, formant une ligne dite « néo-natale », quand l'accouchement a été particulièrement difficile.

La France compte chaque année, 220 000 tentatives de suicide et 11 000 décès par suicide. S'agirait-il d'une conséquence du stress prénatal ? Le Dr Danuta Wasserman qui a conduit une étude sur le sujet dit que : « la vie prénatale et les facteurs maternels jouent un rôle déterminant dans les suicides ». Elle ajoute que les facteurs génétiques et environnementaux jouent également un rôle, en particulier l'alcool et la drogue qui ont un impact sur le poids et la taille des bébés. La France est le Premier pays de l'Union Européenne pour le suicide des jeunes, les conduites à risques, l'alcoolisme précoce et l'usage précoce du cannabis.

Le stress au travail est considéré aujourd'hui comme une des causes de prématurité. Selon l'Observatoire de la parentalité en Entreprise, 8% des bébés naissent prématurément en France, et le nombre de prématurés a augmenté de 45% depuis 1995. Or, 92 % des femmes qui travaillent sont stressées. A contrario, quand une femme a eu de bonnes conditions pour attendre son enfant, celui-ci est en meilleure santé et sa mère moins souvent absente, ce qui représente une double économie pour l'entreprise.

La violence

La violence trouverait-elle son origine dans la vie prénatale ? C'est ce que semble penser le psychologue David Chamberlain pour qui l'enfant à la naissance sait déjà dans quel genre de milieu, il arrive. Si in-utero, il se perçoit dans un milieu hostile, il réagit aux signaux qu'il reçoit et organise son système limbique en conséquence. Celui-ci se développe au détriment des autres systèmes. Les hormones de stress traversent la barrière placentaire influençant la physiologie et le développement du cerveau. Les muscles sont davantage irrigués au détriment des viscères. Le cerveau de l'enfant reçoit la carte biologique : « tu viens dans un monde hostile, tu dois être préparé ». Il programme alors son organisme pour manifester une plus grande réactivité, afin d'assurer sa survie. Les émotions négatives de la mère pendant la grossesse, mettent le cerveau du bébé en vigilance: il est en état de siège et se protège. Il ralentit ses apprentissages et son développement. Les fœtus non accompagnés pendant la gestation, dans des contextes de grande violence peuvent voir le centre cérébral de l'empathie détruit dès la période prénatale. Dans les populations qui souffrent de la famine, les enfants viennent au monde avec un métabolisme inadapté à l'abondance.

Les conséquences

Quelles seront les conséquences du stress sur le comportement de l'enfant à naître ? Faut-il s'en étonner, Vivette GLOVER, psycho-biologiste du College Imperial de Londres, observe que que les niveaux élevés de stress reproduisent les mêmes risques que l'alcool et le tabac : hyperactivité, manque d'attention, problèmes de comportement, faible quotient intellectuel et risque de schizophrénie. Vécus avec intensité, le stress et l'anxiété peuvent engendrer des anomalies congénitales. La recherche sur l'origine foetale des maladies de l'âge adulte met en cause l'impact de l'environnement in-utero sur le cerveau en développement, et en particulier sur les premières voies du système limbique. Les chercheurs croient désormais que le niveau de stress ou à l'opposé, le bien-être émotionnel de la femme enceinte exercent une influence déterminante sur l'expression des gènes et sur le développement cérébral et biologique. Le stress façonne l'architecture cérébrale, confirmant l'intuition de F. Dolto qui conseillait aux femmes de sécuriser leur bébé en lui parlant quand elles traversaient des périodes difficiles. Inversement, la joie ou simplement sa simulation produit de la sérotonine et pour le bébé, un sentiment de bien-être.

DES ORGANISMES COMMUNICANTS

Pour Lyse, ses beaux-parents, et beaucoup d'entre nous, les situations stressantes de la prénatalité sont le plus souvent, dévalorisées, voire ignorées. « Ma fille était bleue à la naissance. Elle n'a pas crié tout de suite. Elle avait le cordon autour du cou. _ Bah, répond l'infirmière, ce sont des petites misères bien vite oubliées !». Non, ça ne s'oublie pas. Ca s'inscrit dans les cellules et ça aura des conséquences. Le développement physique de l'être prénatal s'accompagne d'un développement psychique et émotionnel. A travers le canal sensoriel, le fœtus vit ses propres émotions et aussi celles de sa mère. Les travaux de Marie-Claire Busnel et de son équipe de Paris V ont démontré que l'enfant réagit aux pensées et aux émotions de sa mère aussi bien qu'à ses paroles.

Des neurones réfléchissants :

Le Dr Giacomo RIZOLATI, professeur à l'université de Parme a découvert ce qu'il appelle les neurones sociaux et parmi ceux-ci les neurones-miroirs. Ces neurones nous permettent de saisir les pensées, les sentiments, les intentions des autres et de leur communiquer nos propres sentiments, pensées, émotions, par un système de reflet ou miroir. Dans la communication, on parle de reformulation écho ou reflet. Ce qui se remarque dans la communication orale, explicite, se remarque également dans la communication à distance, de cerveau à cerveau, au sein de laquelle nos intentions, nos désirs sont perméables aux esprits qui nous entourent. C'est pourquoi chacun d'entre nous peut percevoir la joie ou la peur de ses proches. Nous nous laissons très facilement envahir par ces mêmes sentiments et sans y penser, nous nous exprimons par une réaction de peur ou au contraire, par un sourire. Ce mécanisme est à l'origine de l'imitation et du mimétisme qui permet au bébé de se construire dans l'intersubjectivité avec ses proches. Connaissant les liens particuliers entre la femme enceinte et son enfant, il est facile d'imaginer comment les sentiments de la mère, associés aux représentations qu'elle se fait de cet enfant se transmettent au foetus. Les neurones-miroirs proposent une explication à ce mystérieux pouvoir formateur de la femme enceinte. Dans l'histoire des hommes, un exemple en est resté célèbre, celui de Léonard de Vinci, dont la génitrice dit-on, passait tous les après-midis dans les chapelles de Florence, à admirer de magnifiques tableaux. On sait quel génie, elle donna au monde. Par ailleurs, des chercheurs du Conseil National de Recherches Canadien inclinent à penser que *« le paisible sourire de Mona Lisa serait celui d'une femme heureuse, une femme enceinte ou qui venait de donner naissance »*.

Cette idée d'une communication entre le système nerveux de l'enfant et celui de sa mère n'est pas tout à fait nouvelle. Une anglaise racontait : « *avant de me marier, j'avais lu un article sur une femme qui croyait en la possibilité d'influencer le choix du métier de ses 5 enfants, en se focalisant sur un domaine différent à chaque grossesse. Le premier des enfants était devenu musicien ; le deuxième, architecte ; le troisième, médecin… J'ai voulu appliquer cette méthode en 1953 quand j'attendais ma fille. Mais tout ce qui me venait à l'esprit c'était « être tout simplement bien ensemble, nous trois ». Au final, notre fille est extravertie, sociable, mais au fil des années elle a plutôt du mal à se détacher. Quand elle va à l'étranger, elle rentre toujours avant la date prévue. Son lieu de vie lui manque »*.

La sagesse masaï connaît ce type de communication. Ainsi s'exprime le « guerrier masaï » auprès de Xavier Péron : « *N'oublie pas que le Ciel t'a déjà récompensé en t'offrant le plus beau des cadeaux, celui de devenir papa. Vis le pouvoir de l'instant présent, oublie le reste pour en ressentir pleinement, la magie. Ne pense plus qu'à une seule chose : prendre soin à plein temps de la future maman car il est vital de lui épargner dans la mesure du possible, les contrariétés et les émotions. Tu ne devras rien lui refuser même quelque-chose qui serait nocif à condition d'en compenser les effets. Dans ces envies, ce sont les désirs de l'enfant qui se réfléchissent. La maman a*

besoin d'être entourée pour pouvoir entourer son bébé, tandis que tu devras être très
maternant vis-à-vis d'elle ».

Une communication vibratoire à travers des cristaux liquides

La mère communique avec son enfant par les neurones-miroirs et vraisemblablement par l'eau. Si le squelette est un excellent conducteur du son, les liquides aussi.

A l'occasion de ses recherches sur le sida, le professeur Luc Montagnier fit des découvertes que seules les recherches de J. Benveniste, sur la « mémoire de l'eau » pouvaient corroborer. Ainsi ces deux savants arrivent-ils à la même conclusion, l'eau aurait une mémoire. Elle serait capable de garder le "souvenir" de la structure moléculaire d'une substance qu'on y a diluée ; par exemple, un allergène dilué un très grand nombre de fois, continue de provoquer des réactions allergiques même quand l'eau ne contient plus aucune matière. L'eau se comporte comme une bande magnétique liquide. Le message que les molécules laissent dans l'eau peut être effacé par un champ magnétique. Les molécules communiquent entre elles par des ondes ce qui a permis à J. Benvéniste d'enregistrer la « musique des molécules » sur une carte-son informatique. Le transfert de ces données peut se faire d'ordinateur à ordinateur et ouvre la voie aux médicaments numériques. Le professeur Marc Henry, professeur de chimie et de physique quantique à Strasbourg explique que les molécules d'eau ont la capacité de former des « rondes », appelées « domaines de cohérence », à l'intérieur desquelles elles peuvent piéger des ondes correspondant à l'information de la molécule initiale. On pourrait donc soigner grâce à de l'eau et des ondes. Selon Luc Montagnier, l'ADN est entouré d'eau et celle-ci garde l'information de celui-ci. Joël Sternheimer, physicien nucléaire, a découvert les protéodies, des mélodies spécifiques capables d'activer certaines propriétés de l'ADN cellulaire pour générer ou bloquer des protéines. Il a ainsi identifié plus d'une centaine de « mélodies » qui ont une action physiologique sur les maladies, les virus, et autres bactéries. Ces découvertes expliqueraient la mémoire du corps, les enregistrements cellulaires ainsi que la communication entre la mère et le fœtus par résonnance.

Masaru Emoto quant à lui, a découvert la merveilleuse palette d'expression de l'eau. Il confirme les propos de Luc Montagnier, Jacques Benvéniste et Joël Sternheimer puisque pour lui, l'eau a la capacité de recevoir et d'enregistrer des sons, de la musique, des images, des sentiments, des paroles. En photographiant des cristaux d'eau, Emoto découvre que ceux-ci sont très différents selon la provenance de l'eau. Les eaux pures et vives forment de beaux cristaux réguliers, là où les eaux stagnantes forment des cristaux disharmonieux. Un chercheur de l'équipe a exposé des échantillons d'eau à la symphonie numéro 40 de Mozart ou à des mots comme Amour, Merci, Gratitude, etc. Il a ensuite congelé ces échantillons puis photographié les cristaux. Ceux-ci sont d'une telle beauté qu'ils évoquent les joyaux de la couronne d'Angleterre. Par contre, quand l'eau fut exposée à de la musique Heavy Metal et des mots tels que « haine » «stupide » etc., les cristaux créés avaient des formes disharmonieuses. Masaru Emoto confirme « *tout est énergie, comme l'avait dit Einstein* ». On pourrait dire également que « tout est information ». L'influence des images, des sentiments, des paroles sur l'eau met en évidence l'action du psychisme sur l'ADN : c'est par son intermédiaire que les mémoires et expériences s'inscrivent dans l'ADN et que le milieu influence l'expression des gènes, comme en témoigne l'expérience suivante : deux pots étiquetés, contenant du riz sont placés sur le haut d'un piano, pas trop éloignés l'un de l'autre pour qu'ils soient éclairés de la même façon, et reçoivent la même température. Chaque jour, les membres de la famille s'adressent au pot de gauche en lui disant : « *Merci, tu es magnifique* ! » Au pot de droite, ils disent : « *Tu es un idiot* ». Résultat, le 24 - 8 - 2009, 3 mois après le début de l'expérience, le riz du pot de gauche est sain, celui du pot de droite est pourri. Cette expérience a été maintes fois reprise, depuis les travaux du Dr Masaru Emoto, sur l'eau.

Si en son temps, la communauté scientifique a rejeté J. Benvéniste, c'est peut-être par peur du changement. Or cette peur du changement et de l'inconnu s'inscrit dans nos cellules au moment de la naissance, dans cette épreuve qui nous enseigne que naître = changer = souffrir = mourir ; cette épreuve initiatique au cours de laquelle nous faisons l'expérience douloureuse de la solitude, de notre incapacité et de tant d'autres émotions perturbantes. C'est aussi à cette occasion que nous engrammons la croyance selon laquelle la vie est ce que nous en percevons. L'éducation se chargera de renforcer cette croyance qui nous limitera dans notre développement. Un travail sur soi est nécessaire pour transformer nos croyances, renoncer à nos a-priori et préjugés et regarder le monde, à chaque instant, avec un regard neuf.

EN LIEN AVEC L'ENVIRONNEMENT

Nous prenons racine dans l'utérus maternel en même temps que dans notre histoire et nos lignées, dans un contexte de vie, une famille, une société qui déterminent en grande partie, notre devenir. L'influence de l'environnement se fait sentir dès la vie intra-utérine et rien de ce qui nous arrive à travers la maman n'est anodin, dans notre développement. Tout ce qu'elle dit, pense, ressent, mange, boit, respire affecte de façon positive ou négative, l'enfant in-utero. Or, nous sommes trop peu conscients de cette réalité qui influe sur notre santé, dès la conception. L'analyse de l'ADN a démontré que celui de l'être humain est pour 99% identique à celui du singe et a la même composition que celui de nos ancêtres datant de 100.000 ans. Par conséquent, les capacités de parole, de communication, d'expression sentimentale spécifiques à l'être humain ainsi que son évolution ne sont pas régies uniquement par le programme génétique. Une transmission importante se fait sous l'influence de nos matrices environnementales : la famille, le lieu et les conditions de vie, l'éducation et la culture. On admet maintenant que les expériences de vie des personnes au cours des différentes périodes de la vie influencent, non seulement leur propre vie en tant qu'adultes, mais également la vie de leurs enfants et de leurs petits-enfants. Ces observations ont conduit à l'élaboration d'une nouvelle science, l'épigénétique : étymologiquement, « sur les gènes ».

L'épigénétique

Dans la 1ère cellule, se trouve le programme qui va permettre le développement harmonieux de tout l'être humain. Ce programme est influencé par des facteurs internes et des facteurs externes qui vont déterminer en partie l'équilibre ou le déséquilibre de la personne. La perception qu'a l'organisme de l'ambiance du milieu contrôle la biologie. Ce qui revient à dire que la cellule n'est pas seulement un être physique mais aussi un être psychique qui serait doté d'une mémoire affective et émotionnelle. C'est ainsi qu'Anne Ancelin Schutzenberger explique que l'asthme d'une petite fille peut avoir pour origine, le gazage du grand-père pendant la guerre de 1914, à Ypres ou à Verdun. Des expériences ont démontré que si l'on fait vivre des émotions à un sujet, à 300 km de là, ses cellules buccales qui ont été prélevées, réagissent. L'ADN réagit à la gratitude, l'amour, la compassion par une dilatation de ses chaînes moléculaires et le sujet émetteur de ces émotions éprouve un état de bien-être et d'harmonie. La réponse aux émotions négatives est une contraction évidente des chaînes moléculaires. Chez tous les mammifères, les contacts physiques chaleureux avec les adultes et particulièrement les parents, à la naissance et dès la vie prénatale, participent à la construction des voies neuronales qui régissent le contrôle émotionnel et aident à la structuration du cerveau. Or, l'enfant dans son milieu naturel intra-utérin est violenté.

L'influence du milieu :

En promenade dans la campagne, la vue qui se présenta à moi me glaça. Le cultivateur plantait ses pommes-de-terre. Rien d'extraordinaire en soi, ça aurait dû être un charmant tableau bucolique. Mais il était habillé comme un cosmonaute, portait de grosses lunettes et un masque qui me rappela douloureusement, les masques à gaz des poilus de 14. Les plants avaient été bien roulés dans une poudre qui leur donnait un aspect rouge vif. A côté du tracteur, un bidon vide arborait une tête de mort. Revenue de mon effroi, je me demandais comment des agriculteurs peuvent croire de bonne foi, que les produits qu'ils mettent sur leurs terres et leurs plantes peuvent assurer la santé des consommateurs. Herbicide : qui tue l'herbe ; insecticide : qui tue les insectes ; pesticides : qui tue… les pestes ? Au nombre desquelles il faut reprendre : herbes, insectes, champignons, parasites (définition Wikipédia augmentée par nos soins). Et homicide ? Qui tue l'homme. Et comment dit-on « qui tue l'environnement » ? Nous traitons la Terre-Mère comme nous traitons notre propre terrain, à coups de médicaments et de produits chimiques. Dans son film « *solutions locales pour un désordre global* », Coline Serreau a bien démontré l'aspect suicidaire de cette attitude.

Ces dernières années, on a constaté une baisse de poids significative chez les nouveau-nés new-yorkais. Il a suffi d'interdire 2 pesticides pour que le poids des bébés reparte à la hausse. Les pesticides entraînent un risque de diabète et des maladies cardiaques. Les impacts sur la croissance sont impressionnants: troubles neuro-comportementaux et psychiatriques, diminution de la mémoire à court terme, altération de la motricité et de l'acuité visuelle, déficit du développement cognitif, obésité et diabète. Les perturbateurs endocriniens, molécules issues de résidus de pesticides, contaminent toute la chaîne alimentaire et perturbent la différenciation sexuelle pendant la vie prénatale. Les cellules sexuelles sont sensibles à l'environnement et à l'alimentation. On voit apparaître des micro-pénis, des verges mal formées, des bourses plates qui affecteront la vie sexuelle de ces enfants. Au Brésil où les femmes inondent leurs maisons d'insecticides, les micro-pénis ont augmenté de 40%. Le Dr Charles Sultan, professeur en endocrinologie pédiatrique et responsable du groupe INSERM au CHU de Montpellier, met en cause les pesticides, sur l'entrée en puberté précoce des filles. Il dénonce également la vente des soutiens-gorges à des petites filles de 6 ans "qui auront, on le sait, des seins plus gros et plus tôt". Elles ont aussi un risque croissant de cancer du sein. Le Dr Sultan se bat pour *"la suppression pure et simple des pesticides dans mon pays"*. Les 23 et 24 mars 2013, des chercheurs ont enfin pu faire entendre leur voix au Sénat. Ils ont dénoncé les terribles effets des pesticides sur les foetus. En Bretagne, les prélèvements d'urine et de sang de cordons effectué chez 3500 femmes présentent des résidus de ces produits dans 98 % des cas dont certaines molécules interdites depuis plusieurs années. Et plus de 300 produits toxiques dans le placenta, selon le Dr Michel Odent. Des études sur les rats ont démontré des effets sur 4 générations. Des rates gravides exposées à ces produits développent des tumeurs et des dysfonctionnements rénaux. Les mêmes maladies s'observent dans les 2ème, 3ème, 4ème générations. L'épigénétique, c'est-à-dire l'influence du milieu sur les gènes, joue un rôle majeur dans la transmission des maladies et ce, sur plusieurs générations.

Marcus Pembrey et Lars Olov Bygren ont démontré que l'hérédité est relative aux gènes mais aussi à l'influence du milieu qui active ou inhibe des interrupteurs, appelés également « groupements méthyles ». Ces mécanismes épigénétiques se mettent en place, dans le couple, dès le désir d'enfant. Pour pouvoir activer les gènes, les groupements méthyles ont besoin d'un acide aminé, la méthionine contenue dans les protéines alimentaires. Ils ont besoin également de bétaïne et de vitamines, tout particulièrement celles du groupe B. Ces micro-nutriments doivent être présents chez les deux parents, 8 à 10 semaines avant la fécondation, pour une activation optimale de la méthylation qui assurera le meilleur potentiel au futur bébé.

Une étude chez les moutons, réalisée par les chercheurs de l'université de Nottingham, confirme le rôle majeur des vitamines du groupe B avant la grossesse. Les scientifiques ont sélectionné 50 femelles qu'ils ont réparties en deux groupes, l'un avec un régime alimentaire habituel, l'autre avec un régime dépourvu en vitamines du groupe B et en méthionine. Les brebis ont ensuite été inséminées puis les embryons des animaux carencés en vitamines B ont été transférés chez des brebis au régime normal. A l'âge adulte, les agneaux des brebis carencées en vitamines B étaient plus gros et plus gras, présentaient une baisse de l'immunité ainsi qu'une une résistance à l'insuline et une pression sanguine plus élevée. Selon les scientifiques, une carence en vitamines B pourrait affecter l'ADN de l'embryon en limitant le processus de méthylation. Il pourrait en être de même chez l'homme car le développement pré et post-natal de ces deux espèces se ressemble. Une carence en vitamines du groupe B augmenterait le risque d'hypertension, de surpoids et de diabète de l'enfant. Cette « transmission transgénérationnelle des caractères acquis » signifie que tout ce qui est manifesté à la naissance résulte en partie du vécu et des acquis dans l'utérus maternel.

La qualité de notre vie intra-utérine programme notre vulnérabilité aux maladies. La programmation de notre santé sur le long terme, par l'environnement intra-utérin, est plus importante que l'influence de nos gènes, et cette vie intra-utérine est déterminante pour notre comportement ultérieur, aussi bien psychologiquement que physiquement, et ceci tout au long de notre vie.

Le Dr Cosserat de Fréjus, sensibilisé à cette problématique enseigne au CHU de Montpellier, la nécessité d'une consultation préconceptionnelle. Il constate en effet avec consternation, lors de ses consultations qu'un enfant mâle sur 15 présente une pathologie génitale. En France, une gestation sur 1000 présente une anomalie du tube neural. Le nombre de spermatozoïdes par millilitre a diminué de moitié en 10 ans. La division palatale et le spina bifida ainsi qu'une partie importante des fausses couches sont dus à une carence en vitamine B9. On sait que la vitamine D3 prévient les caries et protège le système nerveux, que l'hypothyroïdie de la maman a des conséquences sur le développement psycho-moteur de l'enfant, que la carence iodée est la cause la plus importante de retard mental. C'est pourquoi la Convention des Droits de l'Enfant prévoit que tout enfant a droit à un apport iodé suffisant.

Pourtant nous sommes presque tous carencés en iode. Le corps n'en fabrique pas mais la nature y pourvoit. Nous trouvons l'iode dans les produits de la mer quoiqu'aujourd'hui il vaille mieux s'abstenir de consommer des crevettes, véritables éboueurs des mers. On le trouve également dans les laitages, les oeufs, les céréales. Le foetus reçoit l'iode de sa mère. Une carence peut avoir des conséquences néfastes pour l'un et l'autre. Une hypothiroïdie légère due à une carence iodée, pendant la 1ère moitié de la grossesse sera associée à des troubles mineurs du comportement pour l'enfant. Dans les cas plus graves, il peut y avoir diminution de l'intelligence et des capacités d'apprentissage, des répercussions irréversibles sur le développement cérébral d'autant plus grave que le déficit est sévère et précoce. Ce qu'on appelait autrefois le crétinisme comprend le retard psycho-moteur, des troubles de la marche, la surdité, le strabisme, le retard mental. Les échanges commerciaux de produits alimentaires ont apporté aux populations alpines, l'iode tellurique que la fonte des glaciers leur avait enlevée et a fait disparaître la maladie dans cette région. Dans les cas les plus graves, on observera une diminution du QI et des capacités de perception: vision, audition, associée à un déficit de l'attention et un retard du développement physique. L'hypothiroïdie, chez la mère peut avoir pour conséquence une goîtrogénèse qui peut être désamorcée par un apport en iode. Cette goîtrogénése n'est pas totalement réversible après l'accouchement.

Des solutions simples et peu coûteuses peuvent être mises en oeuvre. On peut ajouter de l'iodure de sodium dans le sel: 1,5mg pour 100 g. L'OMS recommande 5 g de sel máximum par jour. On peut ajouter de l'iodure de potassium dans l'eau, dans le pain. L'iode sous forme médicamenteuse est disponible en pharmacie. On peut aussi prendre 1 goutte d'alcool iodé tous les jours qu'on peut verser dans la soupe, 10 jours par mois. Il existe aussi des compléments nutritionnels tels que: Gynefam, Bion 3, Suvéal. Il est bon d'avoir dans sa pharmacie, des comprimés d'iodure de potassium dosés à 130 mg, à prendre dans les 4 h qui suivent une alerte nucléaire. Pour les futurs parents, la supplémentation en iode devrait commencer avant la conception.
D'autres solutions semblent promises à un brillant avenir, en particulier dans le domaine de l'agriculture. Joël Sternheimer a découvert "une échelle d'onde" propre à chaque acide aminé ce qui lui a permis de les transposer sous la forme d'une note de musique. Une protéodie est alors composée pour des plants de tomates. Quelques semaines plus tard, il constate que ces tomates sont deux à trois fois plus grosses que celles du groupe témoin. Nous pourrons un jour peut-être remplacer les produits phyto-sanitaires et les médicaments par des ordonnances de musique ou de poésie. Alors, notre langage changera. Nous ne serons plus des "anti" mais des "pro". Non plus des "antibiotiques" mais des "probiotiques". Nous cesserons de "lutter contre" pour devenir "favorable à". Nous rejoindrons le clan de Mère Teresa qui disait: *"si vous êtes contre la guerre, ne m'appelez pas. Si vous êtes pour la paix, vous pouvez m'appeler".*

LA FAMILLE, LIEU DE TOUS LES DANGERS

La famille peut être un lieu de joie, de plaisir, d'épanouissement ou au contraire, le lieu de tous les dangers. Le lieu des abus de pouvoir des adultes sur les enfants, le lieu des coups, des humiliations, des incestes et des viols. Certains parents règlent leurs échecs à travers leurs enfants, les orientant dans des voies qui ne sont pas les leurs. D'autres les poussent vers une réussite qu'ils n'ont pas eux-mêmes atteinte. D'autres encore, les freinent dans leurs élans parce que ça coûte cher ou que le rêve semble irréalisable. C'est aussi le lieu du double langage, le discours moral contredisant les actes. C'est finalement parfois, le lieu de la folie, les parents hystériques changeant constamment d'avis et l'enfant tournant comme une girouette. Quand il y a risques pour la vie ou la santé de l'enfant, il peut être placé, dans le cadre de l'Aide à l'Enfance puis parfois dans un foyer d'accueil.

On l'appelait "Babouille". Elle radotait un peu mais sans doute avait-elle radoté toute sa vie, enserrée dans les liens que tissaient en elle, l'église, la morale et ses préjugés. Veuve, elle avait épousé en seconde noce, Aimé qui vivait paisiblement du revenu de ses quelques vaches. Mariage de convenance pour assurer la survie de Babouille et de sa fille. Celle-ci devenue auxiliaire de puériculture, s'était mariée et avait quitté la maison. Les relations entre Aimé et Babouille n'avaient cessé de se dégrader au fil du temps. Plus elle prenait de l'âge, plus Babouille, en son absence, le critiquait. Quand il arrivait, il avait droit à des mots tendres vraisemblablement très intéressés. Le couple occupait une maison isolée dans un petit village. Ils ne fréquentaient guère leurs voisins. La maison était impeccablement tenue et malgré les 5 enfants de l'Assitance Publique qui vivaient avec eux, on y aurait entendu les mouches voler. Pendant les grandes vacances, les plus petits, après le petit-déjeuner, lavés et habillés de frais, avaient pour consigne, de s'asseoir au soleil avec un livre. Ils ne bronchaient pas car Babouille disposait d'une arme redoutable: "si ça ne va pas, tu retournes à l'Assistance Publique"! Pendant ce temps, elle faisait le ménage et préparait les repas avec l'aînée de la fratrie qui lors des visites dans la famille, était invitée à s'exprimer sur la manière dont elle faisait la vaisselle:

__ Comment fais-tu la vaisselle, demandait Babouille ¿

__ Je la fais salement, répondait la jeune-fille.

Elle avait 14 ans et se tenait voûtée. Ses capacités intellectuelles semblaient médiocres. Les enfants voyaient leurs parents, tous les 15 jours, au parloir de la Maison de l'Enfance. Babouille était rémunérée pour les maintenir dans de bonnes conditions d'hygiène.

Les choses ont bien changé depuis, fort heureusement. Les conditions de vie des enfants placés ont été adoucies que ce soit en Maison d'Enfants ou en Famille d'Accueil. Les pouvoirs publics ont bien compris qu'un enfant séparé de sa famille d'origine s'attachera à la personne qui prendra soin de lui et ils tentent d'éviter des séparations et des ruptures trop nombreuses dans des parcours de vie souvent chaotiques. Une meilleure compréhension des histoires familiales et des parcours parentaux a changé le regard des professionnels du social sur ces situations. Le nouveau regard des professionnels prend en compte la réalité des parents qui le plus souvent ont été eux-mêmes des enfants rejetés, insuffisamment aimés, dans des contextes de vie difficiles. Ils sont en proie à un enfant intérieur en quête depuis toujours, d'amour, de soins, de relations valorisantes. Inconsciemment, ils demandent à leur enfant d'être pour eux, un bon parent. Tâche écrasante pour l'enfant qui demande la même chose à son parent. Dans ces milieux, on entend souvent les mères dire : « il le fait exprès, pour m'embêter ». Elles ont elles-mêmes tellement manqué de nourritures affectives qu'elles n'ont rien à offrir à leur enfant et ne peuvent entendre sa demande. La plupart de ces femmes sont issues de familles déstructurées vivant en marge de la société : père alcoolique, mère prostituée, enfants à la rue, incapacité à réguler les naissances. Les jeunes-filles sont enceintes très tôt et dans un contexte de crise économique, être chômeur de père en fils devient la norme. Les parents n'étant pas à leur place d'adulte, ne peuvent subvenir aux besoins de leurs enfants ni exercer leur autorité. Entre laxisme et autoritarisme, ils n'ont pas de ligne directrice dans l'accompagnement de leurs enfants. Les enfants perdus, ont du mal à se construire, à faire confiance à d'autres adultes, à établir des liens avec d'autres. Les études de ces dernières décennies mettent en évidence, la transmission des difficultés d'une génération à l'autre. Quand des parents consommateurs de drogues ou d'alcool, ont eu affaire à la justice, quand ils vivent dans un haut niveau de stress et que leurs enfants ne sont pas allaités, on observe chez ceux-ci de l'hyperactivité et un manque de concentration rendant difficiles les apprentissages. Ces enfants ont également du mal à s'attacher. A l'adolescence, ils deviennent eux-mêmes dépendants et violents. Ils quittent tôt le système scolaire et sont souvent tentés par le suicide. Devenus adultes, ils reproduisent le schéma familial : pauvreté économique, violences conjugales et conflits intergénérationnels. Les professionnels conscients de ces souffrances créent des relations avec les enfants qui excluent les violences, les menaces, le chantage, la culpabilité. Ils mettent en place un cadre, des limites, des règles qui deviennent pour les enfants autant de repères structurants. Le respect qu'ils manifestent à l'enfant le sécurise. Celui-ci apprend qu'il est une personne de valeur. L'étape suivante sera la restructuration du lien avec les parents, la restauration des ressources parentales et la mise en place de nouveaux liens familiaux ; parcours éducatif pour l'enfant et le parent. L'aide psychique apportée à l'enfant est alors déterminante. Il ne s'agit plus seulement de sauver sa vie, de lui permettre de se développer physiquement, il s'agit aussi de l'aider à se restructurer pour qu'il puisse demain, assumer ses responsabilités de parent et de citoyen. Malheureusement, en dépit de toute cette bonne volonté, les associations et les professionnels de l'Aide à l'Enfance s'accordent pour dire que le nombre de jeunes présentant des perturbations psychologiques ou psychiatriques est en perpétuelle augmentation.

L'enfant qui vit un tel parcours aura beaucoup de mal à se socialiser, à s'insérer dans la vie professionnelle et restera souvent méfiant à l'égard de ses congénères. Hélas encore, même si les médias ne s'en font pas l'écho, on doit pouvoir compter aujourd'hui, autant de cas de maltraitance dans les foyers d'accueil que dans les résidences pour personnes âgées. Un personnel lui aussi en grande souffrance, un personnel traumatisé dès la vie intra-utérine, peut éprouver des difficultés dans les soins prodigués à un jeune en difficultés. Il est pourtant inadapté de dire qu'un enfant vivant dans un milieu déstructuré ne pourra pas se structurer et aimer. La résilience se met en place parfois dans les pires conditions. Elle permet à certains adultes qui ont connu des relations gravement perturbées avec leurs parents de développer des relations harmonieuses avec leur partenaire et leurs propres enfants. La plupart d'entre eux ont eu le plus souvent recours à la thérapie pour guérir de leurs blessures. Cette démarche implique toujours les mêmes étapes : reconnaître la situation et son origine, l'accepter, la libérer. Elle passe aussi par la reconnaissance des bénéfices relatifs à cette situation et le pardon aux parents. Le chemin est souvent long mais très libérateur, il permet au patient de s'affranchir d'émotions et de sentiments douloureux et de s'épanouir dans une nouvelle vie.

PARENTS HOMOSEXUELS

« Ma fille est androgine, me dit Mme T... Comme ma tante... Ma grand-mère n'en a jamais parlé. On savait seulement que cette tante ne pouvait pas avoir d'enfant. Quand notre fille est née, le médecin nous a dit qu'on pouvait choisir son sexe. Elle a un sexe féminin mais pas d'utérus ni d'ovaires. Elle n'aura jamais de règles. Nous l'avons considérée comme une fille. A la puberté, ses seins se sont développés. On lui a dit la vérité. Quand elle a rencontré son futur mari, elle lui a dit qu'elle ne pouvait pas avoir d'enfant. Ca ne l'a pas arrêté, mais il aimerait quand même avoir un enfant de son sang. Si la loi passait en France, j'aimerais bien porter l'enfant de ma fille ».

Eh, oui ! Et quelles conséquences pour l'enfant ? Qui y pense ? Qui informe les parents des retombées possibles ? Comment un enfant dont la grand-mère est aussi la mère peut-il se situer dans sa famille ? De même qu'une maison neuve est plus confortable qu'une vieille, on peut supposer que pour un fœtus, la vie dans un utérus jeune est plus agréable que dans un vieil utérus. Notre orgueil nous pousse à des extrémités comme cette Anglaise de 60 ans qui avait porté et accouché de l'enfant de son frère. Quels vides cherchons-nous à combler en prenant ainsi en otage, les futures générations ? Ces démarches rendues possibles par les progrès de la médecine choquent le bon sens et manquent d'éthique.

Quelles conséquences encore pour la petite fille de ses homosexuelles dont l'une a mis une annonce dans le journal, pour trouver un géniteur ? La Convention Internationale relative aux Droits de l'Enfant (CIDE) du 20 novembre 1989, consacre le droit de pouvoir vivre en famille pour chaque enfant. Le premier article stipule que l'enfant a le droit de connaître ses parents et d'être élevé par eux. Dans le cas, d'une Gestation Pour Autrui, l'enfant connaît-il ses parents ? Est-il élevé par eux ? Ne portons-nous pas trop souvent préjudice aux droits de l'enfant, par égoïsme ? L'homosexualité ne se double-t-elle pas de la responsabilité d'accepter les conséquences de cette réalité et donc d'accepter que dans ce cas de figure « nous n'aurons pas d'enfants issus de notre chair mais que nous pouvons en adopter » ? A vouloir être parents à tout prix, ne nous comportons-nous pas comme des enfants qui veulent jouer à la poupée ? Dans ces situations, nous créons du trauma sans vouloir le reconnaître.

Une autre maman me confie : « ma fille et son mari ne peuvent pas avoir d'enfants. Ils ont décidé d'adopter une fratrie d'Asiatiques à qui ils vont donner des noms anglais ». Je suis choquée. Changer le nom, le prénom d'un enfant, c'est l'empêcher de ressentir la musique de sa signature personnelle. C'est remettre en cause son identité, sans lui demander son avis. Et quand nous savons que les Anglais, ayant acheté de nombreuses maisons dans le Sud-Ouest de la France, lieu de cette histoire, ont ainsi reconquis le territoire d'Aliénor d'Aquitaine, cela revient à leur imposer une hérédité qui n'est pas la leur.

N'est-il pas grand temps d'éveiller notre conscience aux conséquences de nos actes ? Quand les hommes et les femmes prendront-ils conscience de leur responsabilité par rapport au fait de donner la vie ou d'adopter ? Quand sauront-ils qu'un enfant n'est pas une compensation, un objet de remplacement, un accident de la vie ? Quand serons-nous suffisamment matures pour respecter les enfants à venir et les accueillir dans les meilleures conditions possibles ? Quand saurons-nous enfin « élever » nos enfants, c'est-à-dire les hisser vers la lumière ?

« Vous voulez un enfant, dit cette maman, à son fils homosexuel. Ce n'est pas un problème. Vous vous arrangez avec un couple ami ». Pourquoi pas ? Mais comment préparer le terrain ? Quel contrat entre les 4 membres de cette équipe, pour une conception-gestation-naissance-vie réussie ? Quelle place pour les protagonistes de l'action ? Qui sont les parents ? Qui sont les « faisant fonction » ? Qu'est-ce qui permet de croire que les géniteurs restent les parents ? Qu'est-ce qui permet de penser que les parents nourriciers sont les vrais parents ? Que dire à l'enfant ? Comment l'entendre ?

__ Moi, dit cette petite fille élevée en Belgique, par un couple homosexuel, j'aime pas le fête des mères, parce que j'ai pas de maman. Mais j'aime beaucoup, la fête des pères, parce que j'ai 2 papas.

Ses deux parents s'entendent à merveille et ont réparti les tâches, pour le bonheur de tous. Jean reste à la maison, fait les courses, le ménage, s'occupe des devoirs. Roger part au travail, tous les matins et rentre le soir. Marie grandit et s'épanouit entre ses deux parents.

Deux jumelles sont nées en France. Deux jumelles au destin très particulier. Leurs deux parents sont des hommes. Elles sont donc sœurs de 2 pères différents. Une nouvelle donne dans l'histoire du monde !

Après 15 ans d'une vie de couple, Jacques et Frédéric ont souhaité devenir pères. Pour assurer leurs chances d'une paternité biologique, les médecins ont implanté dans l'utérus d'une femme américaine Cyndie, 2 œufs fécondés par le sperme de chaque membre du couple. Ses œufs ont été obtenus par fécondation in-vitro des ovocytes non pas de Cyndie, mais d'une autre femme avec laquelle les pères n'ont eu aucune communication mais dont l'identité pourra être dévoilée aux jumelles devenues majeures, si elles le souhaitent. Nul doute que les deux fillettes entament leur vie avec un bagage inhabituel qui aura des conséquences heureuses et/ou malheureuses. Plus ou moins que pour chacun d'entre nous ? L'Histoire le dira.

Si le bagage avec lequel nous arrivons au monde est plus ou moins chargé, le lot de ces 2 fillettes, l'est beaucoup plus. Plus chargé ne veut pas dire plus douloureux. Il n'en reste pas moins vrai qu'il est complexe. En effet, elles arrivent toutes les deux avec le bagage génétique et épigénétique de la femme qui a donné ses ovocytes. La 1ère cellule porte l'héritage du père et celui de la mère biologiques. Dans cette 1ère cellule s'inscrivent les pensées, les sentiments, émotions, représentations des deux parents au moment de la fécondation, que celle-ci ait lieu par union charnelle ou à distance. Le lien entre le père et l'enfant est physique, psychologique mais aussi énergétique. Lorsque deux particules sont entrées en contact, leur lien se perpétue dans le temps, quelle que soit la distance qui les sépare. Il s'en suit donc logiquement que l'énergie du spermatozoïde fécondant l'ovocyte demeure en contact avec le géniteur. Dans le cas présent elle va rester en contact avec le père biologique, la mère biologique anonyme de l'histoire et celle qui va ensuite assurer la gestation pour autrui. Dans cette 1ère cellule s'inscrivent les mémoires des deux lignées parentales, celles du père et celles de la donneuse d'ovocytes. Mais les deux fillettes vont hériter également des mémoires des deux lignées parentales de la mère qui va les porter pendant neuf mois ainsi que de l'influence épigénétique de celle-ci. A savoir, l'ambiance du foyer, de la famille élargie, des activités de cette personne, des sentiments plus ou moins ambivalents du mari et des enfants, du sentiment de générosité éprouvé et des valeurs de cette personne. Sans compter la lourdeur du traitement et les souffrances infligées par l'implantation des oeufs et un grand nombre de piqûres. Elles ressentiront également à l'occasion des événements inquiétants de la grossesse, les émotions du couple parental et le sentiment de culpabilité éventuel par rapport à Cyndie. En inter-action l'une avec l'autre, chacune recevra l'impact énergétique des émotions de sa sœur. Ca fait vraiment beaucoup pour un seul petit être ! En fonction de cet environnement, il se pourrait (mais ça peut être aussi très différent) qu'il vienne au monde avec un projet-sens de type : faire réussir les projets des autres, leur faire gagner de l'argent, être à leur service… et une aversion très particulière pour les piqûres ! A contrario, ces deux fillettes peuvent avoir envie de devenir biologiste, infirmière ou sage-femme !

Les enfants qui viennent au monde par fécondation in-vitro gardent aussi en eux, la mémoire glacée des 1ers instants de leur vie. Ainsi ce petit garçon qui ne pouvait dessiner que des bonhommes de neige. Il put passer à un autre type de dessin après qu'on lui eût raconté son histoire. Il est vraisemblable également que ces enfants vivent comme une seconde fécondation, le moment de l'implantation dans l'utérus, ce qui les dote d'une empreinte supplémentaire.

Nous ne savons pas ce que sera la vie des ces 2 fillettes devenues adultes, mais nous disposons d'un certain nombre de connaissances qui nous permettent d'élaborer des hypothèses et de comprendre ce qui est déjà leur lot et va donner sens à leur vie. Ces connaissances concernent la vie prénatale de tout individu, l'impact de celle-ci sur son devenir, et l'impact sur sa vie, des matrices environnementales dans lesquelles il évolue.

LES EMPREINTES PRENATALES ET DE LA NAISSANCE

Le déni de grossesse

Les parents homosexuels retournent ciel et terre pour réaliser leur rêve de parentalité. Les autres peut-être enfermés dans la banalité du quotidien vivent le passage à la parentalité comme "allant de soi". Quelque soient nos attitudes ou nos croyances par rapport au fait d'avoir des enfants, celles-ci auront une influence sur l'enfant à naître. Celui-ci est-il désiré, souhaité, ou arrive-t-il par "accident" ¿ L'enfant non désiré est-il accueilli ou au contraire dénié ¿ Les parents sont-ils heureux ou au contraire déçus ¿ Toutes ces situations ont un impact sur celui qui s'annonce.

"Ma soeur m'a téléphoné raconte Suzanne, elle m'a dit:

_ Tu es assise ¿

_ Oui, pourquoi ¿

_ Je suis à l'hôpital.

_ Il est arrivé quelque chose aux enfants ¿

_Non. Tu es bien assise ¿

_ Oui. Que se passe-t-il ¿

_ Je suis enceinte… de six mois.

Suzanne tombe des nues. La dernière fois qu'elle a vu sa soeur, elle était plate comme une galette. Quand elle la reverra trois jours plus tard, elle aura le ventre rond d'une femme enceinte de six mois. L'enfant ignoré de ses parents se fait "tout petit" comme un intrus, un passager clandestin qui a peur d'être découvert, rejeté, voire tué. Le manque de reconnaissance in-utero nous affecte jusqu'à nous faire disparaître. Ce qui m'a le plus frappée dans l'histoire de Suzanne, c'est que le déni involontaire de la maman a été relayé inconsciemment par l'équipe médicale qui trouvait "normal" le port de tête de l'enfant que sa maman considérait comme "anormal". Il n'y avait pas lieu de s'inquiéter, tout allait bien. Si bien que la surdité de l'enfant ne fut découverte que vers l'âge de 18 mois.

L'absence de désir d'enfant

"Je n'étais pas désiré, me dit Monsieur X. Mais ça me fait bien rire...J'ai été tellement aimé" ¡ Ca, c'est le langage du conscient. L'inconscient lui, se souvient que Maman ne voulait pas de cet enfant et qu'elle l'a retenu en elle, au-delà de la date prévue de l'accouchement et que celui-ci coincé entre son désir d'obéissance et son désir de vivre, s'est senti étouffer jusqu'au moment où la pusion de vie l'emportant, il a déclenché le processus de naissance. L'absence de désir d'enfant durant la gestation peut être à l'origine de problèmes de santé et d'échecs scolaires. Les études réalisées en Suisse, sur les grossesses non désirées font apparaître un degré mineur de sociabilité, jusqu'à l'âge de 35 ans et parfois au-delà. Le Dr. Adrian Raine de l'Université de Los Angeles a conduit une étude sur 4.269 enfants qu'il a suivis jusqu'à l'âge de 18 ans. Il observe que les bébés non désirés ont moins de poids à la naissance et présentent des problèmes digestifs. Ils sont également plus agressifs et violents. Selon ces recherches, l'abandon maternel conduit à des naissances difficiles et les enfants ont 3 fois plus de risques de devenir des criminels. La plupart des enfants vivent le rejet de leur mère comme une dépréciation portée à leur encontre: "si on ne veut pas de moi, c'est que je ne vaux rien; si on ne m'aime pas, c'est que je ne suis pas aimable." Ce manque d'estime de soi peut affecter toute une vie. Heureusement, cette 1ère empreinte peut être transformée par des parents qui le premier refus passé, se montreront bienveillants et un entourage manifestant à l'enfant, amour, respect, confiance.

La gémellité :

D'autres souffrances vécues in-utero auront un impact sur toute notre vie. Un ami d'Elvis Presley, dans une émission télévisée disait de lui :

_ A sa naissance, son frère jumeau est mort. Ca a dû le traumatiser quelque-part... Quand il était jeune, il était dépressif... Un jour, il pleurait, la tête dans les mains et il disait : « il doit bien y avoir une raison pour laquelle je suis Elvis Presley ». L'ami ajoutait: « ce jour-là, on a compris qu'il n'était plus en phase avec la réalité ». Or Elvis était totalement en phase avec la réalité, avec **sa** réalité. La question qu'il posait était proprement métaphysique et nous nous la posons tous, à un moment de notre vie : qui sommes-nous ? D'où venons-nous ? Où allons-nous ? Pourquoi, comment sommes-nous arrivés sur cette terre ? Qu'avons-nous à y faire ? L'empreinte de deuil gémellaire est une des plus douloureuses qui soient. Quand un bébé survit à la mort de son frère ou de sa sœur, in-utero ou à la naissance, il en garde souvent un sentiment d'abandon, de mélancolie pouvant aller jusqu'au désespoir. C'est souvent à l'âge adulte, à l'occasion d'une dépression que la personne recontactera le souvenir d'un deuil vécu in-utero. Cette problématique non décelée, non soignée peut être à l'origine de nombreux suicides à l'âge adulte. Etre séparé de son jumeau à la naissance, c'est devoir faire le deuil d'une vie sociale et affective qui a commencé bien avant la naissance.

Histoires de jumeaux

A 18 mois, les jumeaux ne dorment toujours pas. Les parents ont adapté leur rythme de vie. A 20 h 30, toute la famille est au lit. Réveil à 23 h 30, 1 h du matin, avec un peu de chance. Les jumeaux ont droit à un biberon dans l'espoir que ce soit bien la faim qui les ait réveillés. Douce illusion, ça ne suffit pas à les rendormir. Jusqu'à 4 h, on joue, on parle, on chante, on raconte des histoires. De 4 h à 6 h, les parents peuvent parfois dormir. Le plus souvent, ils arrivent au travail, épuisés. Le papa s'interroge. Pourquoi les jumeaux refusent-ils de dormir quand c'est lui qui veille sur la sieste alors qu'ils dorment quand les grands-parents sont « de service » ?

Quand je lui parle de mémoires prénatales, son cerveau cartésien se cabre. Quoique…
il se souvient de sa surprise quand, à l'occasion d'une échographie, l'infirmière a dit :
« il se cache celui-là, il a peur ». Ah bon ! Un bébé in-utero peut avoir peur et
chercher à se cacher ? Il est vrai qu'ils ont eu très peur de les perdre. A 8 mois de
grossesse, la maman est restée alitée et a subi 2 monitorings par jour. Bon, tout ça
n'explique pas que les jumeaux ne dorment pas…. Peut-être bien que si ! L'un des
deux vit accrochés à son père. Il a peur. De quoi a-t-il peur ? Qu'est-ce qui
l'angoisse ? Ses parents avaient peur de le perdre. Il a donc eu peur de mourir.
Pourquoi reste-t-il accroché à son père ? Pourquoi ne dort-il pas ? Je peux parier sans
grand risque de me tromper que cet enfant se réveille la nuit pour rassurer son père :
« coucou Papa, ne t'inquiète pas, je suis en vie ». En se réveillant, il se confirme aussi
à lui-même qu'il est bien en vie.

Une autre échographie avait intrigué les parents. Les jumeaux in-utero semblaient
refuser de communiquer. Quand ils vinrent au monde, ils continuèrent à s'ignorer.
Quand la maman en prenait un dans chaque bras, ils ne se regardaient pas et les petits
chaussons ne se touchaient pas. A l'âge de 7 mois, les enfants s'ignoraient encore. Ce
n'est que bien plus tard, qu'ils devinrent très solidaires, l'un donnant sa tétine à
l'autre qui l'avait perdue. Quel conflit les avait opposés dans la vie prénatale ?
Quand on observe des jumeaux adolescents, que l'un est bien en chair, souriant, que
l'autre, plus petit et plus mince semble effacé, on peut imaginer que l'un des deux a
pu se sacrifier pour l'autre, lui permettant de se nourrir davantage. En effet, la
domination peut se mettre en place dès la vie prénatale. L'un est au-dessus, l'autre,
au-dessous. L'un a plus d'accès au placenta, l'autre moins.

L'enfant de remplacement

La sensibilité artistique de Salvador Dali lui permit de se remémorer avec une
acuité particulière, l'horreur de sa gestation. Il avait été conçu quelques jours après la
mort de son frère qui portait les mêmes nom et prénom. Sa mère ne se remit pas de

cette perte. Le peintre raconte: « *Sa tristesse imprégnait chaque cellule de son corps. Dans le ventre de ma mère, je sentais son angoisse. Mon fœtus baignait dans un placenta d'enfer et cette angoisse ne m'a jamais quitté.* » Cette expérience dramatique fit de Salvador Dali, un vivant-mort portant un mort-vivant comme l'explique Jean-Philippe Brebion : « *l'empreinte de naissance*» ed. Quintessence ; « *les enfants nés après un autre enfant mort ont pour fonction dans l'inconscient des parents, «de continuer à faire vivre l'enfant disparu : c'est un mort-vivant. Les personnes chargées de cette fonction ont comme particularité de ne pouvoir vivre pleinement. Elles sont « l'Angélus de Millet : l'ange élu, demi est....Souvent ces enfants n'ont pas d'existence propre: il n'est pas alors exagéré de considérer que leur date de conception est en fait celle du frère ou de la sœur qu'il leur est demandé, consciemment ou inconsciemment, de faire revivre à travers eux...Toutes (ces personnes)ont de ce fait beaucoup de mal à prendre leur place – une place entière – toujours occupée dans l'inconscient des parents, par l'enfant disparu avant eux...Ce sont de grandes programmations de dépression, de dévalorisation, de problèmes d'identité et de conflits de territoire.* »l'Angelus de Millet, très en vogue dans les campagnes, dans les années 50, a décoré plus d'une chambre ou d'une cuisine. Ce tableau semble chanter les louanges d'une vie rurale rythmée par les cloches des églises. Qu'en est-il en réalité ? C'est Dali qui le 1er, eut l'intuition que le sac aux pieds du couple pourrait bien contenir autre-chose que des pommes-de-terre. En réalité, il semblerait que les paysans soient en prière, sur le cercueil de leur enfant mort-né qu'ils s'apprêtent à enterrer. Une étude au rayon x de la toile révéla effectivement, au premier plan, une masse noire qui serait un cercueil et que Millet aurait supprimé sur le conseil d'un ami. Le couple serait donc en train d'enterrer son enfant.

Le projet-sens des parents

Dans ces situations de deuil insupportables, notre inconscient peut nous conduire parfois à concevoir rapidement, un 2ème enfant. L'inconscient recherche la vie, la joie, la santé. Le projet inconscient des parents devient alors, le projet-sens de la vie de l'enfant. Tout ce que nous vivons in-utero et au moment de la naissance, s'enregistre dans nos cellules et va créer en nous des programmes de vie à la fois défensifs et constructifs. Nous allons nous structurer et structurer notre vie sur les empreintes dont notre corps et notre psyché gardent la mémoire et sur le projet d'enfant conscient ou inconscient de nos parents. Ainsi cette jeune femme qui fut conçue pour faciliter le mariage de ses parents. La maman du jeune-homme refusant sa fiancée, le jeune couple la mit devant le fait accompli en concevant un enfant. La petite fille qui vint au monde, devenue adulte s'attacha à faire aboutir les projets des autres, s'oubliant toujours au profit des autres jusqu'à ce qu'à l'occasion d'une psychothérapie, elle décode le système dans lequel elle était enfermée et transforme cette empreinte.

Cette identification d'un enfant à l'autre peut prendre une place encore plus dramatique quand les deux enfants ne sont pas du même sexe. Imaginons dans une famille, un petit garçon décédé à 4 mois. Sa sœur qui vient au monde quelques années plus tard, conçue dans une matrice toujours en deuil, chez une maman toujours en chagrin, à qui l'inconscient du couple demande de remplacer l'aîné, ne peut trouver sa place. La maman qui souhaitait un garçon va pendant des années, rejeter sa fille. Celle-ci se sentira par la suite rejetée partout. Les relations amicales et affectives risquent fort d'être difficiles et la petite fille grandit dans la solitude. A force de se sentir rejetée, elle finira par s'exclure elle-même de tous les lieux sociaux. Elle peut en tirer bénéfice en devenant une originale incomprise qui dans un milieu modeste, veut faire des études. Pour la famille, elle est « particulière ». Elle se réfugie dans l'étude, s'enferme, se cloître, cultive l'échec. Elle ne réussit pas parce qu'elle est intelligente mais croit-elle, parce que les études sont faciles. Pour tenter d'exister aux yeux de sa mère, elle va l'imiter : se négliger comme elle ou se valoriser comme elle. Le miroir qu'elle renvoie la rend encore plus insupportable aux yeux de la mère et les relations ne cessent de se dégrader jusqu'à ce que la jeune-fille prenne son indépendance. Imaginons maintenant que la mère décide d'appeler sa fille Marie-Paule, en souvenir du premier fils, appelé Jean-Paul. Quelle programmation supplémentaire pour la petite fille ! Quelle désillusion constante pour la mère qui malgré tous ses efforts ne peut ramener son fils à la vie, ni aimer ses enfants de « substitution », comme les nomme Maurice Porot, psychiatre clinicien. Tout ce que peut faire l'enfant est mal fait, pour la mère. Tout ce qu'il dit est stupide, puisqu'une partie inconsciente en elle, s'imagine que si le 1er avait vécu, il aurait eu toutes les qualités dont elle rêve. Et la vie quotidienne est une source de conflits permanente. Pour peu que la mère ait eu elle-même une enfance malheureuse, ses propres conflits internes se réactivent à chaque instant et la vie est un enfer. La petite fille coincée entre la haine qu'elle éprouve pour sa mère et la morale chrétienne qu'on lui inculque, prise en tenaille dans des injonctions parentales contradictoires, frise la folie. Elle est condamnée à ne pas « être », ne pas vivre. Se construire une identité propre est quasiment impossible et elle porte sur ses épaules, le poids de la culpabilité. Elle exprime aussi dans ses attitudes, son comportement, son regard, une timidité maladive. Imaginons maintenant que le 3ème enfant soit un garçon. La mère peut vivre cet enfant-là comme une « compensation ». Celui-ci pour le coup a toutes les qualités. Il est le préféré de la mère, il est choyé, adulé. L'écart se creuse entre le frère et la sœur qui finiront par s'ignorer.

L'ambiance de l'utérus

Le fœtus ne peut pas être plus près de sa mère que dans le sein maternel. Il peut pourtant s'en sentir très éloigné. Ainsi ce patient qui se vivait dans l'utérus comme dans une grotte aux parois agressives, constituées de pierres coupantes, d'aspérités blessantes. A aucun moment, il ne pouvait se laisser aller contre la paroi utérine, synonyme de danger. Pour la maman, cette grossesse était une catastrophe. Son bébé était aussi celui de son beau-frère. Elle éprouvait donc par rapport à son enfant des sentiments de rejet dus à la situation et à la peur que la vérité soit un jour, découverte. Le bébé quant à lui vivait un profond sentiment de solitude et traduisait par des images de roches tranchantes, les tentatives d'avortement de sa mère. Le sentiment de solitude a perduré dans la vie de cet homme et a certainement été à l'origine de son métier de thérapeute.

Les empreintes de la naissance

Au moment de la naissance, la filiation s'assure ou change et la famille se réorganise. Le couple change de statut et l'événement laissera des traces sur le psychisme de chacun. La séparation initiale de la mère et de l'enfant laissera sans doute les traces les plus profondes. A l'intérieur de la jeune accouchée, des vies autres que la sienne la secouent, en sourdine, dans les couches archaïques de sa psyché; celles de sa mère, du bébé venant au monde qu'elle était elle-même, quelques décennies auparavant, celles des femmes de la lignée dont elle a hérité les mémoires souvent douloureuses. Pour l'enfant, de la façon dont se vit ce moment, découlent les sentiments d'assurance et de confiance en soi. Les 5 blessures identifiées par Lise Bourbeau sont déjà ressenties avec plus ou moins d'intensité et vont déjà colorer sa personnalité: sentiments

- de trahison,
- de rejet,
- d'abandon,
- d'humiliation,
- d'injustice

qui se rejoueront tout au long de la vie, à travers des scénari élaborés dans ces premiers instants de la vie. Stanislas Groff qui a créé la théorie des « matrices péri-natales », démontre que ce passage marque à jamais notre mémoire. Dans la première, la vie paisible au sein de l'utérus correspond à une expérience d'unité cosmique, que nous perdons lors de l'accès à la seconde matrice et dont nous gardons la nostalgie. Notons au passage qu'étymologiquement, la nostalgie, c'est "l'attachement à la souffrance". La seconde, c'est-à-dire le déclenchement de l'accouchement et les fortes contractions alors que le col de l'utérus est encore fermé, génère une impression d'étouffement, entraînant un sentiment d'absurdité: le monde est absurde. A quoi bon ¿ Quoi qu'on fasse, on ne s'en sortira pas. La troisième, la progression du fœtus dans le canal vaginal résonne comme un conflit mort-naissance. On y expérimente la souffrance la plus grande associée au plus grand plaisir ce qui peut développer des tendances sado-masochistes. La quatrième matrice, le moment de l'accouchement correspondrait à un processus de mort de l'ego et de re-naissance, une sorte de retour au bien-être de la 1ère. Devant tant de souffrance, on aurait tendance à se réjouir des progrès de l'obstétrique qui permettent des accouchements rapides. C'est oublier que ces médications entraînent des souffrances encore plus aiguës. Même si le bébé durant le processus d'accouchement, se met dans un état de semi-sommeil, une sorte d'hypnose vraisemblablement induite par la péridurale, pour éviter de trop souffrir, l'arrivée au Nouveau Monde est brutale. Qui a conscience de la force qu'il nous a fallu mettre en oeuvre pour venir au monde ¿ Qui se représente cette longue traversée, les pressions de cette caverne devenue soudain inhospitalière, élastique et qui pousse son locataire vers la sortie ¿ Qui imagine cette descente vers un vestibule plus petit et ce long couloir étroit et gluant qui fait penser à l'enfant, "je n'y arriverai jamais" ¿ Qui peut sentir dans le murmure de ses cellules bavardes, la volonté déployée, les efforts nécessaires pour être demain, un homme libre ¿

Ainsi donc nous venons au monde avec un programme de vie, des interprétations du monde surgies à travers la fenêtre étroite de nos perceptions, des sentiments de culpabilité et d'autres que le Dr Claude Imbert résume dans la formule: *« je suis coupable, non aimable et sans valeur »*. Ces 1ères empreintes donnent sens à notre vie et expliquent notre trajectoire, notre métier. Il n'y a pas de hasard dans la vie, seule une implacable logique. Forts de ces connaissances, nous pouvons aujourd'hui adoucir le vécu des bébés en gestation et leur créer des mémoires qui faciliteront leur naissance et leur vie future. Féliciter l'enfant, à la naissance, pour l'exploit qu'il vient d'accomplir, c'est transformer une mémoire d'épreuve douloureuse en mémoire de victoire joyeuse.

LE FOETUS A L'ECOLE

Dans ce film magnifique : « le peuple migrateur », des oies volent à côté d'un deltaplane. Cette prouesse est rendue possible par l'application de la théorie de Konrad Lorenz, biologiste et zoologiste autrichien qui illustre parfaitement la capacité d'apprentissage par imprégnation, de l'être prénatal. Pour dresser les oiseaux utilisés dans ce genre de film, les dresseurs communiquent avec eux, avant leur naissance. Ils leur parlent à travers la coquille. Quand l'oisillon perce l'œuf, il reconnaît le dresseur comme son « papa », comme faisant partie de la famille. Il va continuer à apprendre de lui, travailler avec lui, chercher à lui faire plaisir. Bien qu'étant de 2 espèces différentes, l'oiseau et le dresseur se comprennent. Comme l'oiseau, le bébé, dès 6 semaines de vie intra-utérine, capte grâce à la peau, des informations transmises par le liquide amniotique.

C'est par nos sens que nous apprenons. Ceux-ci sont constitués de récepteurs raccordés au cerveau par les neurones. Toutes nos sensations arrivent au cerveau, sous la forme de messages électriques ou chimiques, sur des zones précises : le cortex d'une manière générale, l'occiput pour la vue, par ex. C'est la fonction réceptive de notre cerveau. A la naissance, les connexions neuronales ne demandent qu'à être activées. Ce sont les sensations qui vont les activer et poursuivre la construction du cerveau. Un bébé stimulé apprend beaucoup plus qu'un bébé dont on ne s'occupe pas. Un bébé délaissé va se laisser mourir par manque d'affection mais aussi par ennui, par manque d'intérêt. Au fur-et-à-mesure que les neurones se développent, ils entrent en action. Pendant la vie prénatale mais aussi durant toute notre vie, les neurones qui se connectent les uns aux autres créent des synapses qui nous permettent de développer de nombreuses compétences. Inversement, quand nous entreprenons un nouvel apprentissage, nous développons de nouveaux circuits neuronaux, de nouvelles synapses. C'est pourquoi bien que nous perdions énormément de neurones au cours d'une vie, nous ne devenons pas bêtes pour autant.

Les neurosciences montrent que le développement de la structure du cerveau est biologiquement déterminé dans la période prénatale. Dès le 52ème jour après la conception, l'architecture globale du cerveau est achevée. Au 60ème jour, les structures cérébrales sont établies et les bourgeons des sens élaborés. A la 8ème semaine, les récepteurs olfactifs et gustatifs sont installés et le bébé capte les odeurs et les goûts. Il se régale du liquide amniotique quand maman a mangé du gâteau mais si elle a consommé des endives, il fait la grimace et se montre moins gourmand. Il détecte les molécules odorantes grâce à un organe dit « voméro-nasal » qui disparaîtra après la naissance. Cet organe fonctionne en association avec les papilles, comme si le fœtus goûtait le liquide amniotique avec son nez. Ceci n'est pas à proprement parler étonnant si l'on considère que 95 % de ce que nous appelons communément le goût est constitué en fait d'odeurs. A la naissance, le fœtus reconnaît l'odeur de sa mère dont il a fait connaissance dans le liquide amniotique. Le Dr.Claude Imbert raconte qu'un de ses patients qui revivait un épisode de sa vie intra-utérine, avait dans les narines une odeur de pistou. La maman interrogée a révélé que pendant les trois premiers mois de sa grossesse, elle avait mangé une quantité astronomique de pâtes au pistou. Les recherches effectuées par Hubert Montagner et son équipe démontrent que trois jours après la naissance, le bébé peut discriminer l'odeur de sa mère par rapport à celle d'une autre maman. Françoise Dolto a démontré que beaucoup de prématurés en couveuse prennent du poids beaucoup plus vite s'ils peuvent sentir l'odeur de leur mère. C'est pourquoi la reconnaissance olfactive et le contact peau à peau chez les prématurés sont importants. En témoigne également cette photo d'une jumelle qui à peine née, pose son bras sur les épaules de sa soeur jumelle, en couveuse. L'intuition de l'infirmière qui a bravé le règlement pour leur permettre d'être ensemble se confirme. La jumelle malade guérit très vite.

A la 28ème semaine, le foetus réagit aux inter-actions sonores. Dans la période embryonnaire et pré-embryonnaire, la 1ère couche de cellules qui se développe est la peau et en parallèle l'oreille. C'est pourquoi les points d'acupuncture sont également des points d'impact du son sur le corps et le bébé prénatal entend non seulement par l'ouïe mais aussi par la peau. Les bruits qui lui parviennent du milieu intra-utérin ou de l'extérieur provoquent des pressions sur son corps et contre le liquide de son oreille interne. Il entend les battements du cœur de sa mère et capte le rythme syncopé que celui-ci crée avec son propre cœur. Il reçoit les vibrations de la voix de son père qui masse ses jambes ; celles-ci sont pour lui autant d'informations. La voix de la mère, de fréquence plus aigüe, lui est transmise par le système osseux maternel, véritable cathédrale sonore. En 1983, à l'hôpital de Roubaix, on a introduit un micro dans l'utérus d'une femme enceinte. De cette manière, on capte le souffle du placenta qui envoie dans l'utérus, le bruit du cœur maternel ainsi que le bruit du monde extérieur à l'utérus et celui qui entoure la mère. L'utérus est donc bien une matrice sonore. Cette découverte fait mentir le proverbe américain: « there are two types of silence: silence of the womb and silence of the thomb".

Le bébé prénatal établit avec la voix de sa mère, une relation privilégiée, émotionnelle. On a pu observer que les basses fréquences viennent caresser la bouche et les mains du bébé qu'elles mettent en mouvement. Cette activité particulière de la main et de la bouche explique logiquement l'organisation du cortex cérébral sur lequel, très tôt, la main, en particulier le pouce et la bouche occupent une surface de projection importante. On peut observer que les bébés in-utero, répondent à la parole maternelle. Le cœur s'accélère quand la maman parle et la comptine entraîne un changement de posture. Ainsi le bébé capte les rythmes, la mélodie, l'intonation poétique des mots. Si la maman répète plusieurs fois la même phrase, il s'habitue à cette information. Lorsqu'on émet à intervalle régulier, un signal de 24 décibels, il finit par ne plus réagir. Mais après un temps d'attente, il répondra plus vite à la même stimulation révélant ainsi qu'il est capable d'une forme d'apprentissage. Après la naissance, il suspendra ses pleurs quand il entendra la voix de sa mère enregistrée. La voix et la langue dite « maternelle » le rassurent. Le langage prend racine dans la musicalité émotive et affective de la voix maternelle.

L'ouïe est le seul sens totalement développé à la naissance. La formation de l'organe de Corti correspond souvent à la période durant laquelle la mère commence à percevoir les premiers mouvements du bébé et choisit habituellement son prénom. La division cellulaire ne peut se faire que parce que l'utérus, la matrice est un milieu sonore. Le mot personne vient du latin « persona » et désigne le masque que portaient les comédiens pour faire entendre leur voix dans les théâtres antiques. Ces masques étaient des porte-voix, des « porte-sons » et donc la personne est « porteuse de sons ». Le prénom, choisi par la mère, source de vibrations émotionnelles intenses, et qui « porte le nom de la personne » a donc pour chacun d'entre nous, une portée symbolique très puissante. Le verbe « personare », signifie « résonner à travers ». Chaque être humain est un son, une vibration plus ou moins bien accordée, plus ou moins harmonieuse. Au cours des siècles passés, en Chine, dans l'Egypte Antique, en Inde, l'être humain a utilisé le son et la musique de façon intuitive et thérapeutique. Convaincus que l'enfant in-utero entend, les Gitans, aujourd'hui encore, chantent spécifiquement pour les enfants à naître. Ainsi se transmettent au travers de l'histoire, la vie et la socio-culture.

Le son dans la vie prénatale

Dans les années 60, Marie-Louise Aucher, cantatrice et chercheuse a créé la Psychophonie, fondée sur les correspondances entre les sons et le corps humain. Elle a découvert "l'échelle des sons", c'est-à-dire les lieux d'impact du son sur le corps. Ses recherches aboutiront à la carte des "correspondances sonores" déposée par sa créatrice, à l'Académie des Sciences. Marie-Louise Aucher a utilisé de façon intuitive, la grande sensibilité des doigts, des mains et de la bouche. A l'occasion d'une émission de télévision, elle avait remarqué qu'à l'époque de Mao Tsé Toung, les petits Chinois apprenaient « le petit livre rouge » en le récitant dans leurs mains posées en éventail devant la bouche. Elle créa donc l'exercice du « pompage » utilisé pour apprendre un nouveau chant : au centre d'un cercle, des chanteurs chantent devant les mains ouvertes en éventail des « écoutants » qui forment le cercle. Ayant eu parmi ses élèves, des femmes enceintes, Marie-Louise avait observé que leurs bébés étaient très toniques du haut du corps. Quand les papas chantaient, les bébés étaient très toniques du bas du corps. Ainsi naquit, avec la complicité amicale du Dr Michel Odent, le « chant prénatal » qui avait pour objectif « des bébés toniques du haut en bas » et qui connut ses heures de gloire à la maternité des Lilas à Paris et à celle de Pithiviers. Marie-Louise Aucher ne savait pas que l'enfant vibré par la voix de sa mère, fait travailler sa bouche et ses mains. Mais elle avait remarqué que ces nouveau-nés étaient capables de la « pince », c'est-à-dire que le pouce peut se joindre à chacun des autres doigts de la même main, ce qui démontre une sensibilité motrice très fine. Les ateliers de chant prénatal développés depuis par les premiers élèves de Marie-Louise Aucher, sont des lieux où les deux parents harmonisent leur être tout entier, créent un cocon énergétique pour leur famille et développent des bases pour un lien sûr et stable avec leur enfant. Grâce à des chansons pour la grossesse, des chansons pour enfants, des danses populaires appartenant à leur culture, ils préparent l'accueil du bébé et son enracinement dans son histoire familiale, locale et celle de son pays. Le chant prénatal consolide la triade maman-papa-bébé. La femme se sent valorisée dans sa grossesse. Elle partage avec d'autres mamans, ses sensations, ses émotions, ses idées accueillies avec bienveillance par le groupe. Elle entre dans une meilleure connaissance de son corps, particulièrement du diaphragme et du périnée, deux lieux du corps investis aussi bien dans l'acte de chanter que dans celui d'accoucher.

Entre la 4ème et la 8ème semaine, pour le fœtus, la vision s'élabore. Dès la huitième semaine, il se construit en fonction de ce qu'il perçoit par ses fenêtres sensorielles, ce qui a pour effet de ralentir le rythme de la division cellulaire et de modeler les organes selon leur finalité. Si le rythme de croissance du bébé se prolongeait à la vitesse de départ, sa tête 9 mois plus tard, aurait la dimension de la terre, selon les calculs effectués par le Dr Jean-Pierre Relier. Son développement dépend donc en grande partie des stimulations extérieures. A la 25ème semaine, il accepte la lumière, la recherche ou s'en protège. En fin de grossesse, il s'appuie contre la paroi utérine, joue avec le cordon ombilical, suce son pouce, stimule éventuellement son jumeau. Il perçoit les mouvements du corps de sa mère : le balancé de la marche, de la danse, lié au sentiment d'existence et à l'identité. Son cerveau est imprégné par les émotions de la mère et l'ambiance dans laquelle elle vit. Entre les bercements du chant prénatal et les balancements de la marche et de certaines danses traditionnelles, l'équilibre se développe et l'homme intérieur se crée.

La capacité à apprendre

Nous avons cru longtemps que l'apprentissage ne pouvait s'effectuer qu'après la naissance. En réalité, pendant les 9 mois de sa gestation, l'enfant apprend beaucoup plus que durant toute sa vie et ce qu'il apprend dans cette période constitue le terreau sur lequel se développeront les connaissances et compétences ultérieures. La relation entre la mère et l'enfant, entre l'enfant et les matrices de vie externes qu'il perçoit à travers sa mère, assure le développement ultérieur du mouvement et du langage. Dans « l'Oreille et la Vie », Alfred Tomatis raconte l'histoire de cette maman surprise que sa fille la comprenne mieux quand elle parle anglais que lorsqu'elle parle français. En fait, cette personne pendant sa grossesse, travaillait dans l'import-export et parlait anglais toute la journée. La communication prénatale entre dans l'établissement des liens prénataux et ouvre la voie au « care-giving prénatal ». Prendre soin de la relation dès la vie intra-utérine peut rendre la vie plus légère. Comme les parents prennent soin de l'enfant en chantant pour lui, les professionnels peuvent prendre soin des parents pour les aider à prendre soin de leur enfant. Le gouvernement a pour priorité, le dépistage et la prévention des handicaps et troubles de l'adaptation scolaire. L'objectif étant de prévenir au plus tôt les difficultés et retards scolaires pour augmenter les chances de remédiation et éviter des charges financières trop importantes. Savoir que l'apprentissage commence in-utero et prendre soin de l'enfant prénatal et de ses parents, peut constituer la prévention la plus précoce et sans doute, la plus efficace.

LA CAUSE DES FEMMES... ET DES ENFANTS

Globalement, 75 % des femmes trouvent que la société leur est moins favorable qu'aux hommes. Les enquêtes réalisées par l'OPE font apparaître que les femmes représentent seulement 16 % de la population active ; seulement 17% occupent des postes de direction et 10%, sont des cadres administratifs. 1/3 sont cadres. 1 femme active sur 3 travaille à temps partiel contre 1 homme sur 20 ; 1 femme sur 3 travaille le dimanche contre 1 homme sur 4 ; A poste de travail égal et compétences égales, la femme est moins bien rémunérée que l'homme et sa retraite largement inférieure. Depuis la crise économique de 2008, la situation des femmes en France, s'est encore dégradée. En 2009, 250 plaintes ont été déposées, auprès de la HALDE, Haute Autorité de Lutte contre les Discriminations, soit le double des cas signalés en 2008. A cette date, les réclamations déposées par les femmes enceintes représentaient 60% de l'ensemble des plaintes recueillies depuis cinq ans, pour absence de promotion, discrimination à l'embauche, période d'essai brutalement interrompue, CDD non renouvelé... En 2013, les discriminations pour raison de maternité représentent encore 20 % des plaintes. Si les licenciements abusifs en situation de grossesse, ont fait l'objet de sévères sanctions, l'état de stress dans lequel se trouve plongée une maman privée d'emploi du jour au lendemain, l'impact sur la santé physique et mentale du fœtus et les répercussions sur la santé du futur adulte ont-elles été prises en considération ?

Nous ne pouvons que nous réjouir de l'action de la HALDE pour la reconnaissance des femmes, le changement des mentalités et des représentations liées à cette moitié de l'humanité. Pourtant si un tel travail est à faire, que dire de ce qui a pu manquer dans les générations antérieures en termes de valorisation de la jeune-fille, de la femme, de la mère, de la vie ; ce qui a pu manquer en termes d'éducation et de développement des qualités de cœur ? Notre époque très rationnelle s'est beaucoup attachée à développer notre cerveau gauche, faisant de l'humain, l'esclave des machines, de la production, de la rentabilité et maintenant, de la consommation. Un juste équilibre nécessiterait le développement des capacités du cerveau droit : créativité, imagination, qualités artistiques. Une éducation de l'humain dans un but mercantile donne des demi-cerveaux, des demi-humains. Certaines philosophies considèrent que l'humain n'en est encore qu'à son adolescence, c'est bien possible. Nous gaspillons nos forces et nos ressources comme des enfants gâtés, insouciants du futur et des répercussions de leurs actes sur leurs congénères et leur milieu de vie. Développer notre sensibilité peut être un atout considérable pour la société de demain. Cette sensibilité s'exerce aussi vis-à-vis du petit d'homme, in-utero. La protection des droits de l'enfant démarre avant la naissance, comme l'indique la Déclaration des Droits de l'Enfant, *« l'enfant, en raison de son manque de maturité physique et intellectuelle, a besoin d'une protection spéciale et de soins spéciaux, notamment d'une protection juridique appropriée, avant comme après la naissance »*. Elle insiste sur le fait que tout enfant a un droit inhérent à la vie et l'État a l'obligation d'assurer sa survie et son développement. Il est tenu de prendre toutes les mesures appropriées pour assurer aux enfants dont les parents travaillent le droit de bénéficier des services et établissements de garde d'enfants.

Sur le plan international, la Convention sur l'élimination de toutes les formes de discrimination à l'égard des femmes adoptée le 18 décembre 1979 par l'Assemblée Générale des Nations Unies a été ratifiée en 1989, par une centaine de pays qui se sont engagés à respecter ses clauses. Les travaux de la Commission ont contribué à mettre en évidence tous les domaines dans lesquels les femmes se voient dénier l'égalité avec les hommes. La Convention apporte aussi une grande attention au droit de procréer. Ainsi, à l'article 5, il est recommandé "*de faire bien comprendre que la maternité est une fonction sociale*" et de faire reconnaître la responsabilité commune de l'homme et de la femme dans le soin d'élever leurs enfants. En conséquence, la protection de la maternité et les soins donnés aux enfants sont considérés comme des droits essentiels et pris en compte dans tous les domaines abordés par la Convention, qu'il s'agisse d'emploi, de droit de la famille, de soins médicaux ou d'éducation. La Convention exige même de la société qu'elle offre des services sociaux, en particulier des services de garde d'enfants, permettant aux femmes de combiner leurs responsabilités familiales avec leur participation à la vie publique. Il est recommandé aux Etats d'adopter des mesures spéciales non discriminatoires pour protéger la maternité. La Convention oblige les Etats parties à inclure des conseils relatifs à la planification de la famille dans le processus éducatif (al. h de l'article 10) et à mettre au point des codes de la famille qui garantissent les droits des femmes à "*décider librement et en toute connaissance de cause du nombre et de l'espacement des naissances et d'avoir accès aux informations, à l'éducation et aux moyens nécessaires pour leur permettre d'exercer ces droits*" (al. e de l'article 16). (Extrait de l'Introduction à la Convention).

Pour ma part, je n'ai à ce jour vu nulle part, dans le processus éducatif, une information aux droits des femmes ni à la planification de la famille. Si certaines associations se sont spécialisées dans ces domaines, l'école reste muette sur la question. Les cours d'éducation sexuelle et affective restent trop peu nombreux et souvent centrés sur des problèmatiques ponctuelles: le sida, par exemple. Les écoles qui s'occupent vraiment de l'accompagnement de l'enfant et de la responsabilisation des futurs adultes sont souvent sous contrat avec l'Education Nationale mais n'en font pas intégralement partie. C'est pourtant le défi auquel nous devons faire face. Allons-nous laisser l'éducation se faire par la télévision et internet ? Quels sont les modèles que nous voulons proposer à nos enfants ? Les séries télévisées, les films X, la publicité ? L'éducation est abandonnée à des mains mercantiles. Faut-il s'étonner des dérives quand des jeux video mettent en scène des violeurs puis assassins de femmes enceintes, quand ces mêmes jeux video retirés du marché par décisión de justice, réapparaissent sous un autre nom, quand d'autres jeux proposent d'acheter des… "*bébés avortés*" ?

L'égalité Femmes/Hommes est en marche comme en témoigne la loi du 14 mars 2002 qui partage entre les deux parents, l'exercice de « *l'autorité parentale* ». Par la loi du 5 mars 2007, ils sont réintroduits comme premiers éducateurs et reconnus potentiellement ou effectivement responsables et compétents. Les pouvoirs publics reconnaissent qu'il est important de sortir de la culpabilisation, de mieux les informer, pour mieux les impliquer et les aider à remplir leur rôle éducatif. Insister sur les potentiels dont disposent les parents oblige à les accompagner. Malheureusement, le rapport 2011 sur les droits de l'enfant fait état des manques en matière de formation pour les professionnels de l'Aide à l'Enfance, intervenant comme médiateurs dans les visites parents-enfants. Ceux-ci se trouvent immergés dans l'intimité des familles « *sans toujours disposer d'outils pour prendre de la distance ni de temps de travail préalable sur la parentalité*». Les méthodes de co-éducation avec les familles, peu formalisées, font appel pour une grande part à l'expérience et l'interprétation personnelles. Pour les professionnels aussi, changer est difficile : «*je ne peux pas dire que c'est bien, si c'est mal* », disait un jour, un professeur de comptabilité qui commençait l'enseignement aux adultes. Mais les adultes acceptent difficilement les jugements qu'eux-mêmes « balancent » aux enfants et aux jeunes. Les professionnels sont parfois encore bloqués dans leurs représentations mentales, leurs préjugés, leurs propres schémas répétitifs qui se réactivent à l'occasion des situations rencontrées. Ainsi cette puéricultrice de PMI qui menaçait un jeune couple d'un signalement pour « non présentation d'enfant à la consultation des nourrissons ». Les parents étaient tous deux ingénieurs. Dans un état de conscience remarquable, ils avaient préparé avec soin, la conception du bébé, l'avaient accompagné par le chant prénatal, s'étaient entourés de professionnels avertis, avaient lu tous les livres sur la question. Ils avaient simplement le tort d'habiter dans un quartier étiqueté « défavorisé » ou « à problèmes ». Il s'agit ici de faire évoluer notre capacité à accueillir l'autre dans sa totale complexité et non de juger sur des apparences. Le défi qui nous est proposé est celui de la souplesse et de l'adaptabilité. Il ne s'agit pas de remplacer la rigidité des structures par notre propre rigidité mentale. Il s'agit de transformer suffisamment notre regard pour valoriser chez le parent, le plus petit élément de savoir ou de savoir-faire. Cette valorisation faite devant l'enfant, donne confiance au parent dans son efficacité parentale et permet à l'enfant, d'admirer un parent qui comme lui, fait des efforts pour devenir « un type bien ». Le lien parent-enfant s'en trouve renforcé et le professionnel qui s'efface dans cette relation gagne en humilité. De la même manière, c'est sur les atouts des jeunes, leurs forces, leurs qualités personnelles qu'il convient d'insister et non sur leurs lacunes. Gros travail de transformation pour les professionnels qui doivent aussi à leur parcours de vie d'exercer le métier qu'ils ont choisi. Tous les assistants sociaux savent bien ce que leur métier d'aujourd'hui doit à leurs blessures d'enfant et d'adolescent. Chaque situation rencontrée peut-être un miroir douloureux mais aussi une occasion de grandir, à condition que les moyens leur en soient offerts. On peut imaginer qu'avec le temps, la prévention réalisée aux sources de la vie rende caducs tous ces dispositifs et permette des économies très substantielles.

2 ème partie :

ACCOMPAGNER LE PASSAGE

CELLE QUI PARLE A SES PROCHES

Mère de la Nature, elle parle à sa parenté.
L'Etre de la Pierre,
La Fleur Sauvage
Et le Loup sont ses amis

Au fil des saisons qu'elle tisse
Elle chevauche les vents du Changement,
Ouvrant son cœur avec bonté
Comme un refuge contre la faim et la douleur

Tu es la Gardienne des besoins de la Terre
Et tu rends frères le grand et le petit
Mère, c'est toi que je vois dans la gouttte de rosée,
C'est toi que j'entends dans le cri de l'Aigle

Jamie Sams : « les 13 mères originelles »

OU ALLONS-NOUS ?

Depuis la nuit des temps, l'être humain aspire à plus de bonheur et de joie de vivre. L'évolution nous a permis d'intégrer dans nos cellules, les traces mnésiques de notre vie minérale, végétale, animale. Notre élan vital nous a conduits de comportements de survie à la réalisation d'œuvres grandioses, dans tous les domaines de la technologie, des sciences, de la littérarure, des arts. Aujourd'hui, la planète tout entière semble partagée entre 2 courants contradictoires. Le 1ère découle d'un sentiment de menace permanente, réelle ou fictive, savamment entretenu par les medias et se décline en termes de sécurité. Bien alimentés par les journaux, les esprits les plus faibles entretiennent leurs peurs, se barricadent chez eux, ne sortent plus à la nuit tombée, dépriment derrière leurs volets fermés. Un autre courant plus audacieux, imagine un autre type de société, plus ouverte, plus artistique, plus égalitaire. Bien documenté par internet, le citoyen refuse désormais la gabegie financière et le gaspillage des ressources minérales ou alimentaires. Le courant écologique qui a vu le jour dans les années 70, à la suite des livres de René Dumont, porte ses fruits, malgré l'échec politique des Verts. Nous ouvrons grand les yeux sur le monde que nous avons créé en 70 ans et nous n'en revenons pas. L'exploitation inconsidérée de nos ressources, nos égoïsmes menacent notre propre survie. Nous avons scié la branche sur laquelle nous étions assis et il s'en faut de peu qu'elle ne s'écroule, nous entraînant avec elle. L'augmentation de la précarité nous interpelle. On ne croit plus aux partis, aux syndicats, aux gouvernements. Ceux-ci font des efforts surhumains pour maintenir en place des systèmes qui ne demandent qu'à s'effondrer. L'éducation et la santé deviennent prioritaires dans de nombreux pays mais elles sont en butte à de nombreuses critiques. Les effets pervers des médicaments et des vaccins qui guérissent une maladie en en créant une autre sont périodiquement dénoncés. Les conditions d'élevage et d'abattage des animaux nous soulèvent le cœur. L'imagination débordante des industriels qui inventent une alimentation complètement inadaptée au corps humain nous donne l'impression d'être considérés uniquement comme des cobayes. Le pouvoir d'achat baisse mais partout se créent de nouvelles zones commerciales, faisant de notre économie à bout de souffle, un colosse aux pieds d'argile. Nous sortons du rêve consumériste écoeurés et étouffés sous le poids de nos déchets, hagards. Dans cette période de transition où la genèse et l'apocalypse co-habitent, nous cherchons à grand peine, un peu de lumière au sein de nos ténèbres.

Elle est là. Tapie au fond de chacun d'entre nous, elle est restée allumée, vigilante. Nous revenons vers elle, nous l'attisons, la réveillons, nous comprenons. L'être humain avance d'utopie en utopie. Sorti du règne animal, il a passé des siècles à satisfaire ses besoins élémentaires : se nourrir, se protéger. Il a cherché la sécurité des murs et du foyer. Il a créé des sociétés fondées sur le sentiment d'appartenance et la reconnaissance mutuelles. Il a actualisé ses potentiels, développé ses compétences. Et aujourd'hui, vers qui se tourner ? Il n'y a plus rien. Dieu est mort. Les églises et les religions, dans leur soif de pouvoir ont échoué dans leur mission. Les structures sociales et familiales éclatent. Plus personne pour nous prendre par la main, nous dicter ce que nous devons penser, dire, faire. Une seule alternative : « l'éthique ou le chaos » comme dirait Hugues Minguet. Est-ce l'adolescence du monde ?

En tout cas, une nouvelle conscience s'éveille. Nous quittons lentement, parfois avec de violentes secousses, l'ère de la société industrielle, pour l'ère de la création-communication. Celle-ci se caractérise par un renversement des valeurs plus centrées sur l'humain, l'authenticité, le retour à la nature. De nombreux parents accueillent « des Enfants à Haut Potentiel avec ou sans Hyperactivité. » Ces enfants que l'on dit turbulents, agités, inadaptés, dotés d'un très gros QI nous interrogent sur notre capacité à relever les défis qui nous sont proposés et dont l'enjeu est la mort ou la survie de l'humanité. Ces défis nous interrogent en tant que parents sur la façon dont nous préparons nos enfants à leur vie non de professionnels, mais d'adultes cherchant à réaliser leur potentiel d'être humain. Ils nous interrogent aussi sur la manière dont nous créons, et organisons nos différentes matrices de vie, de la maternité à la maison de retraite, en passant par nos entreprises, nos bureaux, nos maisons.

UNE APPROCHE MATRICIELLE DE LA PREVENTION

Jack Kornfield dans son livre « A path with Heart » raconte que dans une tribu de l'est de l'Afrique, les femmes connaissent la date de la naissance, avant même la conception. Pour cette tribu, l'enfant naît d'abord dans la pensée de sa mère. Lorsqu'elle veut le concevoir elle va dans la nature et s'assoit seule sous un arbre. Là, elle attend et elle se met à l'écoute, jusqu'à ce qu'elle entende la chanson de l'enfant qu'elle concevra. Pour cette tribu, la conception se fait à ce moment-là. Alors la mère revient chez elle et partage la chanson avec le père, de telle façon qu'au moment de leur union, l'esprit de l'enfant soit appelé. Les sages-femmes et les autres femmes de la tribu apprennent elles aussi, le chant. Elles le chantent au moment de la naissance pour souhaiter la bienvenue, à l'enfant. La communauté reprend ce chant quand il est malade ou dans les fêtes spéciales, et à la fin de sa vie, ses proches l'accompagnent avec sa chanson.

Que veut dire cette histoire ?

Elle nous démontre comment nous sommes reliés à la communauté dans laquelle nous arrivons, avant même notre conception et comment ce lien nous accompagne tout au long de notre vie, jusqu'à notre mort. Le fœtus a besoin de se sentir relié à sa mère et à ses proches. Il a besoin d'être écouté, entendu et compris, la proximité démarrant in-utero. Non pas une proximité de fait mais une proximité dans la chaleur de la relation avec la mère, le père, la famille dans laquelle il arrive. Chanter, parler, conter, pour l'enfant à naître, lui écrire des lettres d'amour, lui réciter des poèmes, sont des moyens pour lui dire : « tu fais partie de notre vie, nous t'aimons, nous te connaissons déjà et nous avons hâte de te tenir dans nos bras». Les parents pensent beaucoup à leur enfant quand ils achètent les meubles de sa chambre et le matériel de puériculture. Ce sont autant de gages d'amour. Il suffit maintenant de lui raconter : « tu sais, nous sommes allés dans tel magasin. Papa a acheté des planches pour te faire un joli berceau à nacelle. Maman le peindra en bleu et tu auras dans ta chambre, un décor marin. Notre chambre à nous, elle est juste à côté. On t'entendra, si tu as besoin de quelque-chose… » Ces moments peuvent faire l'objet d'un rituel, le soir quand les parents rentrent du travail, par exemple, et qu'ils prennent le temps de caresser le ventre de maman et de parler à leur enfant. Tous ces moments sont rassurants pour le fœtus et produisent en lui des hormones d'amour qui vont l'aider à grandir et à venir au monde.

Cette histoire nous rappelle aussi comment la conception physique s'accompagne d'une conception mentale, psychologique, spirituelle. C'est donc sur tous ces plans que doit s'effectuer l'accompagnement parental. C'est dans la tête de la mère que démarre la création de l'enfant et la relation qu'elle va établir avec lui. Son imagination, son intuition, sa sensibilité, déterminent cette relation. L'espace mental et l'espace physique de la gestation sont liés et s'influencent mutuellement. Par ses gestes et ses paroles, la mère communique avec un enfant d'abord imaginaire qui au fil des mois se fait de plus en plus dense et présent. Au moment de la naissance, les 1ers gestes de la mère envers le nouveau-né auront pour fondement les représentations qu'elle s'est faites lui durant ces 9 mois. Ces représentations s'organisent en fonction de l'histoire des parents, de leur personnalité et du fonctionnement du couple. Elles seront le plus souvent, bénéfiques au développement de l'enfant.

La naissance est le moment où l'enfant perd le contact avec son 1er habitat, l'utérus et avec sa mère. Perdu dans un malstrom de sensations inconnues et angoissantes, au moment de la naissance, le nouveau-né est en état de stress. Lové dans le sein de sa mère, nourri sans effort, logé dans une pénombre agréable, couvé à 38 °, il est soudainement poussé dans un univers bruyant, froid, minéral, agressif, dans lequel il n'a plus aucun repère tactile, olfactif, gustatif. Seuls, le peau-à-peau avec sa mère (à défaut avec le père) et la mise au sein précoce peuvent le rassurer, l'apaiser et favoriser l'attachement. Plus tard, c'est le doudou, l'objet transitionnel qui sera chargé du lien entre le lieu connu, la maison, par exemple et les lieux inconnus tels que la crèche.

Quand l'enfant vient au monde par les voies naturelles, les contractions utérines sur la tête et le visage stimulent le système nerveux et réveillent le centre respiratoire. Pour les enfants nés par césarienne, les caresses et les massages doux peuvent compenser les stimulations qui ont manqué et favoriser l'attachement. Celui-ci ne se fait pas seulement de l'enfant vers la mère mais aussi de la mère vers l'enfant. Aldo Naouri, surpris par le « *il me reconnaît* » des mères, à propos de leur enfant à peine né, a mis en évidence le fait que les jeunes mères reconnaissent sans hésitation, les vêtements de leur bébé à l'odeur et ses pleurs enregistrés parmi d'autres. Le lien d'attachement n'est donc pas seulement affectif, il est aussi biologique.

La théorie de l'attachement a été formalisée par le psychiatre et psychanalyste John Bowlby après les travaux de Winnicott, Lorenz et Harlow. Dès la vie intra-utérine, c'est par le toucher que l'être prénatal fait l'expérience de la communication et de l'affectivité. Le contact chaleureux, les marques d'affection qui suivent la naissance, permettent l'attachement de l'enfant à sa mère et participent à sa construction psychique. Les recherches menées depuis la seconde guerre mondiale, ont démontré la nécessité pour l'enfant et sa famille, d'établir dès la naissance, un lien d'amour ou dans la continuité d'une gestation heureuse, de rétablir la connexion avec le lien déjà établi in-utero et quelque peu malmené par la naissance. Cette nécessité répond à un besoin vital pour l'enfant. La qualité des liens d'attachement à la naissance favorise le bien-être et l'adaptation durant l'enfance, à l'adolescence et à l'âge adulte. Elle est également garante des futures relations affectives de la personne et plus particulièrement, de la relation amoureuse.

Le care-giving prénatal

Le care-giving prénatal découle logiquement de la théorie de l'attachement. Si les professionnels accordaient plus d'importance au vécu de la femme enceinte, celle-ci serait-elle plus attentive au vécu de son enfant ? C'est à cette question que le Dr Aurore Blan a cherché à répondre. Dans son mémoire sur *« la théorie de l'attachement : principaux concepts, implication dans le développement, la santé et les pratiques professionnelles »*, présenté à la Faculté de Médecine de Montpellier, elle pose le concept d'un « caregiving prénatal » voire « néonatal ». Elle a remis un questionnaire pendant le 3ème trimestre de grossesse à des femmes suivies à la maternité du CHU de Montpellier. Les réponses font apparaître que les futures mères ont à coeur de répondre aux besoins du bébé qu'elles portent et adoptent envers lui, des comportements de protection. Elles partagent une sensorialité avec leur bébé et pensent que celui-ci ressent leurs émotions. Elles craignent l'impact sur le bébé du stress de l'entourage. Elles trouvent bénéfique qu'une attention soit portée sur le vécu et le ressenti de leur grossesse ainsi que sur leurs émotions. Le Dr Blan pose pour hypothèse que l'accompagnement pendant la grossesse, des émotions maternelles, et de leurs représentations de care-giving maternels (comment s'imaginent-elles prendre soin de leur enfant) pourraient développer la sensibilité maternelle et favoriser l'établissement d'un attachement sécure chez l'enfant à naître.

Le soutien de la collectivité

L'histoire de Jack Kornfield illustre aussi la responsabilité collective de la société et l'importance du soutien de l'environnement dans l'accès à la parentalité.

La décision d'avoir un enfant amène les parents à s'interroger sur le sens de leur propre existence, leurs croyances, leurs valeurs, ce qu'ils désirent transmettre à leur enfant et par conséquent sur la manière dont ils envisagent de l'éduquer. La qualité de cette éducation dès la période prénatale, fonde la compétence parentale. La parentalité se manifeste par la sensibilité des parents à l'égard de leur enfant et leurs capacités à répondre à ses besoins.

La capacité des parents à s'attacher à leur enfant dépend en grande partie de la façon dont ils ont été eux-mêmes, conçus, gestés, accueillis. Or ces parents ont parfois bien souffert d'une transmission intergénérationnelle lourde ou chargée, quand leurs propres parents ont eux aussi été malmenés par des mémoires de souffrance transmises de génération en génération. En dépit de leur désir de bien faire, ils se retrouvent soumis à la loi des mémoires inconscientes qui les gouvernent. Parfois, heureux de « ne pas faire comme leurs parents », ils ne font que reproduire les mêmes schémas, dans un contexte différent. Parfois, une dépression post-partum sévère va priver l'enfant de l'attention dont il a besoin. Porter un enfant ou accoucher ne garantit pas le « devenir mère ». C'est un long travail qui mérite d'être entouré. L'anxiété post-natale peut être un obstacle à la juste expression des soins à l'enfant. La mère peut couver son enfant d'une manière maladive ou au contraire le délaisser. Des attitudes de rejet par rapport à l'enfant peuvent emprisonner celui-ci dans un attachement désorganisé, éprouvant lui-même attirance envers la mère nourricière et répulsion par rapport à son comportement. Il est alors nécessaire d'aider la mère à transformer sa relation à l'enfant. L'accompagnement par les professionnels, d'une maman confrontée à la solitude et à la dépression post-partum est nécessaire pour éviter des drames. Il est très utile aussi aux mamans qui reçoivent de l'aide de leur entourage.

La période périnatale, qui s'étend jusqu'à la troisième année de l'enfant, est reconnue comme une étape de grande vulnérabilité psychologique pour la triade. L'accès à la parentalité réveille chez le parent, l'enfant qu'il a été. Devenir parent, c'est faire le deuil de notre enfance, de notre adolescence et cette étape réactive des conflits internes non résolus. Devenir parent, c'est ouvrir les portes d'une génération et pousser ses propres parents « un étage au-dessus ». Les enfants deviennent parents, les parents deviennent grands-parents mais ont-ils choisi ? De quelque manière que les différentes générations vivent ce « réaménagement », elles ont besoin d'être soutenues dans cette étape de la vie qui fait émerger des émotions contradictoires : joie et peine, bonheur et jalousie, et remue tous les souvenirs familiaux enfouis dans le subconscient des parents, grands-parents, arrières grands-parents.

Les croyances d'une époque quant à la bonne manière de s'occuper d'un bébé, jouent aussi un rôle dans le caregiving maternel. Ainsi sommes-nous passés d'une éducation hygiéniste qui considérait qu'un bébé alimenté toutes les trois heures, était en bonne santé, à une éducation davantage centrée sur les besoins réels de l'enfant. Cette évolution ne change pas seulement le rythme des soins, elle a aussi pour conséquence, le passage du devoir au plaisir. Ainsi dans le regard social, la femme qui nourrit son enfant a droit au « mignotage » comme on disait au XVIII ème siècle, la société lui reconnaissant le droit de s'occuper avec tendresse d'un être qu'en d'autres temps, on a pu considérer comme un fardeau. Dans un contexte de valorisation de la grossesse et de la famille, le plaisir que la femme éprouve dans le maternage de son enfant donne accès chez le bébé, à un monde sensoriel plus riche que celui créé par des gestes uniquement utilitaires : nourrir l'enfant ou faire sa toilette est vécu comme un moment de communication partagée et non comme une obligation. L'enfant peut sentir dans les gestes de sa mère, son regard, ses mimiques, l'intérêt qu'elle lui porte et combien, il est pour elle, une personne importante. Il lui répond par des sourires ou des gloussements de plaisir. Cette qualité de relation engage l'enfant dans un sentiment de sécurité. Il peut s'abandonner à sa mère, il peut lui faire confiance. La mère est alors pour son enfant, le caregiver, la figure d'attachement dont il a besoin.

La femme qui cocoone a besoin d'être cocoonée. Par ses proches en tout premier lieu mais aussi par le personnel médical. Le Dr Aurore Blan arrive à la conclusion que « Entourer une femme enceinte, c'est lui donner une image, une sensation de ce qu'elle pourra elle-même donner à son enfant quand il sera né. Le « prendre soin » de la femme enceinte se transfère pour la mère dans le « prendre soin » de son enfant. Il serait tout à fait opportun que le suivi de grossesse permette aux femmes d'exprimer la manière dont elles prennent soin de leur enfant, leurs craintes, leurs doutes. Cet accueil, cette écoute des professionnels sont tout à fait propres à développer la sensibilité maternelle et à favoriser un attachement sécure chez l'enfant ».

Le rôle des personnels de la petite enfance

Cette transmission de l'attachement peut être influencée par le contexte écologique. Elle serait non seulement génétique mais aussi épigénétique. Ce qui revient à dire que l'attention portée aux futurs parents par le personnel de la crèche, la famille, les amis, les collègues de travail profiterait à l'enfant. Il est donc extrêmement important pour les personnels de la petite enfance, care-givers de l'enfant d'être aussi dans leur attitude, care-givers des parents. Il s'agit de respecter l'histoire de cette famille, histoire le plus souvent tue, en posant sur ses membres, un « regard positif inconditionnel ». L'attitude de bienveillance, le non-jugement permet à l'éducateur, la transmission d'une attitude de respect qui s'inscrit chez le parent, par mimétisme. L'ocytocyne qui aide au devenir parent, augmente chez chacun d'entre nous, par le contact et les relations amicales. L'attitude de respect du personnel de crèche vis-à-vis de parents en souffrance, permet à ceux-ci d'entrer dans leur parentalité. Inversement l'indifférence de l'entourage associé à un attachement difficile après l'accouchement peut être à l'origine de maltraitance et de violences.

Dans le droit fil de cette continuité du lien d'attachement, le personnel de crèche devient la figure parentale à laquelle l'enfant se réfère et dont il attend des soins, de la nourriture, de la tendresse. Winnicot et Franz Veldman ont bien démontré comment la manière de tenir un enfant va renforcer son sentiment de sécurité ou au contraire le faire vivre dans la peur. C'est durant ses trois premiers mois de vie que l'enfant, dans la symbiose avec la mère, construit les bases de sa sécurité ; bases nécessaires pour son développement ultérieur. L'attitude de la mère, centrée sur son enfant, la qualité de sa présence, l'intensité de son regard, la joie qui émane de sa personne, la tendresse qui s'exprime à travers ses paroles donnent du tonus à l'enfant, l'engage dans le mouvement et le langage. La dépression de la maman, son manque de désir de vivre peuvent avoir bien sûr, l'effet inverse. C'est aussi dans cette période, en fonction de la capacité de la mère à répondre à ses besoins, que le bébé construit sa confiance dans l'environnement et les fondements de sa santé mentale.

Les auxiliaires de puériculture, les assistantes maternelles qui portent les enfants, qui parfois vont suppléer les défaillances des parents ont donc un rôle social extrêmement important puisqu'elles vont par leur seule présence, permettre à l'enfant de se construire une stabilité qui peut lui manquer dans le milieu familial. Ces personnels se doivent donc d'être eux-mêmes intrinsèquement « sécures » pour transmettre cette sécurité existentielle à l'enfant. La formation des personnels, le soin qu'ils apporteront à guérir de leurs mémoires prénatales et d'une manière plus générale, de leurs blessures passées seront bien plus efficaces que l'idée de lister tous les enfants de 2 ans susceptibles de devenir des délinquants. C'est en plus une idée extrêmement dangereuse, un vrai « massacre des innocents » car le regard que la société pose sur l'enfant le condamne à devenir ce que cette société prévoit pour lui. Cette idée s'inscrit dans un système répressif qui a démontré son inefficacité. A l'heure où l'Allemagne vide ses prisons, la France ne cesse d'en construire. Les personnels de la petite enfance avertis peuvent être facteurs de pacification.

RESPONSABILITE SOCIETALE

ET SOUTIEN A LA PARENTALITE

Du 13 au 20 juin 2012, à l'occasion du « Sommet mondial du Développement Durable », à Rio, un panel intitulé : « 9 mois pour sauver le monde » a fait le constat indéniable que l'utérus de la femme est le premier habitat de l'être humain, « clé du développement durable », et la planète, le second ! Chacun d'entre nous est un membre de la famille humaine et un organe de ce vaste corps social. Chaque cerveau humain est un neurone du gigantesque cerveau de l'humanité et nous commes tous inter-connectés non seulement par internet mais aussi par des liens de résonance beaucoup plus subtils. Les facteurs sociétaux affectent les futurs parents : le manque de travail, de logement, de soutien, de ressources affectent la mère et à travers elle, l'enfant à naître. Les événements significatifs heureux ou malheureux qui entourent l'attente d'un enfant auront un impact direct sur le passage à la parentalité. La notion de responsabilité sociétale recouvre la nécessité morale pour la société de permettre l'épanouissement des individus qui la composent. Cet épanouissement ne commence pas à l'école comme on aurait tendance à le croire. Il commence dès la vie prénatale et dépend des conditions environnementales qui le nourrissent ou au contraire le détruisent. Le soutien du compagnon qui apporte aide et réconfort facilitera la grossesse et l'accouchement par une influence directe sur l'état émotif de la mère. Le soutien de l'entourage familial et social pendant la grossesse aura une répercussion sur la mère et son futur rôle parental.

Chaque enfant qui naît est l'enfant de ses parents mais il nous interpelle en tant que figure parentale, c'est-à-dire essentiellement en tant que protecteur. Cette parentalité de fait suppose un autre regard de chacun d'entre nous, sur la femme enceinte, le couple, la famille, une autre préhension de nos responsabilités en tant que membre de la famille humaine, une dimension empathique à connecter et développer. Elle nous engage dans un accompagnement qui peut se mettre en place pendant la grossesse, au moment de l'accouchement, dans les suites de couches, à la maison ou à la maternité. Il est effectué par les professionnels de la santé, de l'éducation, du social mais aussi par les collègues de travail et l'entourage amical et familial des parents.

La matrice culturelle, économique et sociale est le berceau qui accueille les nouveaux enfants. Chacun d'entre nous fait partie de la ronde des fées penchées sur ce berceau et nous demande une nouvelle ouverture d'esprit par rapport aux futurs parents. Devenir parent réactualise consciemment ou non les histoires familiales et nécessite la réorganisation de son identité avant l'arrivée de l'enfant. Or aujourd'hui, aucune structure ne prend en compte cette dimension du passage à la parentalité. Les jeunes, parents de demain ne reçoivent aucune information, aucune éducation qui prenne à ce sujet. Chacun est condamné à imiter ce qu'il a vu faire, à reproduire les schémas familiaux, ou à mettre en place de façon plus ou moins maladroite des comportements ou des règles qui vont à l'encontre de ce qu'il a lui-même vécu, enfant. La plus belle oeuvre du monde repose sur des fondations empiriques.

L'INNOVATION SOCIALE EN ENTREPRISE

L'histoire nous donne quelques exemples d'industriels préoccupés par l'hygiène, l'éducation, la santé de leurs personnels. Ce fut le cas de Godin, constructeur du célèbre poêle à charbon qui portait son nom. Il rêvait d'une société idéale qui vit le jour avec la construction du « Palais social » qu'on appellera ensuite « Le Familistère». Dans le Hainaut belge, le Grand-Hornu devenu symbole de l'industrie du charbon sera aussi un fabuleux laboratoire technologique, social et humain. On invente à Hornu de nouvelles techniques d'extraction et des machines innovantes utilisant la vapeur. On y installe le premier chemin de fer privé du pays pour soutenir le développement économique de l'entreprise. Ces deux monuments architecturaux rassemblent des logements au confort exceptionnel pour l'époque, des jardins potagers, un théâtre, des écoles, un lavoir-piscine, un dispensaire, et plusieurs pavillons. Tout a été pensé pour que leurs habitants ne manquent de rien. En 1964, dans les *bassi* de la ville de Naples, que Morris West décrit comme les quartiers des intouchables en Inde, aujourd'hui, les frères Signorini avaient créé dans leur entreprise de fabrication de conserves, la Cirio, une école maternelle et une élémentaire avec cantine ainsi qu'une nursery dans laquelle les ouvrières allaitaient leurs enfants.

Depuis l'avènement de la formation continue, en entreprise, dans les années 70, celle-ci s'est intéressée à tous les domaines d'activité. Ont fleuri les séminaires d'intégration, le team-building en résidence, les week-ends sportifs, les stages d'œnologie, etc. L'entreprise a formé des professionnels bien avant la création des collèges d'enseignement technologique et des lycées professionnels. L'ascenseur social a toujours fonctionné, grâce aux cours du soir dispensés dans les entreprises. L'apprentissage s'y est fait avant la création de l'alternance. Les lieux du savoir sont aujourd'hui beaucoup plus variés que l'antique école républicaine. Du scoutisme aux auto-écoles en passant par les CEMEA et internet, l'étendue du savoir fait craquer les murs de l'école traditionnelle. L'éducation ne se limite plus à la période de croissance de l'enfant et de l'adolescent. Elle s'étend à la vie entière et prend des formes très diverses : éducation inter-générationnelle, familiale, professionnelle, etc.

La charte de la parentalité en entreprise

Les besoins de base de la population étant satisfaits, l'entreprise se tourne maintenant vers la satisfaction de besoins plus subtils. La parentalité y a fait son entrée en 2008, sous la forme de la « charte de la parentalité en entreprise » qui poursuit trois objectifs : faire évoluer les représentations liées à la parentalité dans l'entreprise ; mettre en œuvre un environnement favorable aux salariés parents, particulièrement pour la femme enceinte ; respecter le principe de non-discrimination dans l'évolution professionnelle des salariés parents.

C'est le combat de Charlotte Bouvard qui a abouti à la rédaction de cette charte. Ayant accouché prématurément d'un deuxième enfant, Madame Bouvard se heurte à une société et une entreprise qui ne sont pas prêtes à prendre en compte sa situation. Elle crée alors l'association SOS Préma dans le but d'accompagner et soutenir les parents d'enfants prématurés et de développer la prévention de la prématurité. Aidée par de nombreux partenaires comme Pampers, Gallia, Dash, La Roche Posay, Télémarket, Dodie, Jacadi, Family Service, Mayane Communications ou Red Castle, l'association entend explorer toutes les possibilités d'amélioration du quotidien des prématurés et de leur famille.

En partenariat avec L'Oréal, SOS Préma alerte les pouvoirs publics sur la situation des femmes au travail. Une étude portant sur 400 femmes, révèle qu'un tiers ont trouvé l'environnement de travail défavorable à leur état de grossesse ; 19% considèrent que la perception de leurs compétences par leur manager s'en est trouvée amoindrie ; 39% des mères déclarent que leur activité professionnelle a été modifiée par la naissance d'un enfant. La maternité fait partie des facteurs expliquant l'écart de rémunération entre les femmes et les hommes à poste et temps de travail équivalents.

La charte de la parentalité risque bien de modifier nos représentations quant à l'entreprise. Les habitudes françaises font du présentéïsme, une valeur sûre, une garantie de motivation, à l'encontre de l'absentéïsme qui coûte cher à l'entreprise. Or, être omniprésent dans l'entreprise peut être le symptôme d'un malaise personnel ou familial. L'omniprésence au travail peut être un moyen de fuir d'autres réalités plus douloureuses, des difficultés de couple par exemple. Les études révèlent que le présentéïsme est porteur également de risques psycho-sociaux. Anne-Sophie Spanseri, PDG de Maviflex, le décrit ainsi : « *Il est d'abord   facteur de stress. Ensuite, ce qui amène de la productivité, ce ne sont pas les horaires à rallonge mais un bon équilibre entre la vie professionnelle et la vie privée. Plus on donne aux salariés de la liberté dans leur organisation personnelle et la possibilité de gérer leur temps, plus la rentabilité est bonne. Un collaborateur qui, le soir, peut évacuer la pression, revient le lendemain de bonne humeur et avec la tête remplie d'idées. Ce n'est pas le cas de celui qui s'est endormi la veille sur ses dossiers. En plus, tout ce que l'on puise à l'extérieur en rencontres et en échanges, apporte de la créativité dans l'environnement professionnel*".

Selon une étude du National Institute for Working Life, en Suède, le présentéisme coûte au moins deux à trois fois plus cher que l'absentéisme. Certaines études font même état de dix fois plus ! Les salariés qui pratiquent le présentéisme sont plus largement sujets aux maladies de long terme, qui les empêchent durablement de reprendre le travail. Et battent des records... d'absentéisme.

Valoriser la Parentalité est un bon moyen de diminuer l'absentéïsme. Le taux de natalité en Allemagne est de 1,4 enfant par femme et en France, de 1,9. Au niveau mondial, la natalité a baissé de 1,3% en 2013 par rapport à 2012. Au Japon, le gouvernement qui craint de voir passer sa population de 128 millions d'habitants à 86 millions en 2060, organise des soirées rencontres pour les jeunes. Les garçons expliquent que le monde virtuel dans lequel ils vivent leur a désappris à courtiser une jeune-fille. En Europe, la carrière passe avant les enfants. On fait des enfants de plus en plus tard. Cette situation met en danger les écoles maternelles qui sont considérées par nos voisins européens comme les meilleures. La situation est la même pour les « maisons vertes » de Françoise Dolto.

Des initiatives se font jour dans le domaine de la parentalité. L'OREAL met à la disposition de ses salariés, des crèches d'entreprises. Le congé de maternité est augmenté de 4 semaines. Le père en congé parental reçoit 100 % de son salaire. Le télétravail est possible. AREVA et AXA proposent à leur personnel, une conciergerie et un pressing. Chez ERNST et YOUNG, un pédiatre intervient une matinée par semaine pour permettre aux femmes enceintes de mieux envisager leur emploi du temps, après le congé de maternité. LACTISSIMA est un cabinet conseil qui accompagne les entreprises dans la mise en place de bonnes conditions d'allaitement pour les salariées qui souhaitent allaiter leur bébé. Chez Le Goueix, la femme enceinte prépare avec son équipe, son congé de maternité et son retour…parfois sur un poste plus important.

Comment résoudre les problèmes liés à l'annonce d'une grossesse dans un service ? Comment rendre les collègues conscients que leur réaction positive ou négative aura des répercussions sur l'état de la maman et l'enfant qu'elle porte ? L'entreprise est-elle suffisamment informée des influences environnementales sur la santé de la maman et son bébé: stress du travail et de la situation, électro-magnétisme des appareils, regards et commentaires des collègues ? Tout est nourriture pour le bébé in-utero et il reçoit à travers sa mère, toutes les informations extérieures, via les changements hormonaux induits par ses pensées, ses émotions. Les managers sont-ils suffisamment informés de l'impact de leur comportement sur ce bébé en gestation ? Quels moyens sont offerts aux futurs parents pour gérer leur stress et/ou partager leur joie ? Quels moyens mettre en œuvre pour un meilleur équilibre entre vie professionnelle et vie familiale ? Des formations peuvent être proposées dans le domaine de la gestion des âges et des risques psycho-sociaux, permettant à l'entreprise de remplir les obligations liées à sa responsabilité sociétale.

L'entreprise prend ainsi en compte le désir d'épanouissement des jeunes salariés en tant que parents et cherche à concilier leur vie professionnelle et leur vie personnelle. Elle a tout à gagner à entrer dans la « gestion des âges », pour ses salariés, mais aussi pour ses clients, ses usagers. Elle peut en faire un avantage concurrentiel: fidélisation, baisse de l'absentéisme, motivation,… Autant d'atouts qui, au final, profitent à tous les acteurs de la société en renforçant la solidarité, la santé et le bien-être au travail. L'entreprise a compris que son développement passe par une adéquation aux évolutions sociétales. Les entreprises d'aujourd'hui se doivent pour être crédibles, d'être innovantes en termes de produits, de technologies, d'innovation sociétale.

C'est aux USA, qu'a été mis en place sur le lieu de travail le premier programme de promotion de la santé prénatale, afin d'améliorer la santé maternelle et infantile. Ce programme intitulé: « Les Bébés et vous » est conduit depuis 1982 par l'entreprise : « March of Dimes ». Il a pour objectifs d'éduquer les adultes en matière de vie saine avant et pendant la gestation, d'encourager les femmes à demander de l'aide dès le début de la pré-natalité, puis de façon régulière, d'agir pour que les entreprises appliquent des méthodes qui favorisent la gestation et l'accouchement sains.

Le programme « Les Bébés et vous » s'adapte aux nécessités particulières des futurs participants et tient compte de leur éducation, de leur culture et de leur langue. Il considère les limites inhérentes au lieu de travail et les ressources disponibles de l'entreprise. Il offre 3 modalités d'exécution : des campagnes d'information, des séminaires éducatifs, la formation des professionnels de la santé. Il tient compte des matrices environnementales en posant pour condition que ces activités liées à la santé prénatale doivent pouvoir compter sur la participation des travailleurs des deux sexes, des couples, du reste de la famille et des amis. Les thèmes les plus populaires sont la préconception et la pré-natalité, le développement fœtal, la génétique.

De son côté, la compagnie Warner-Lambert, leader du secteur pharmaceutique d'assistance sanitaire au consommateur a mis en place des programmes d'éducation prénatale et de gestion de la maternité. Elle a aussi enquêté sur les risques potentiels pour la santé de la procréation, en relation avec les lieux et postes de travail. En cas de nécessité, un technicien de l'entreprise fait une évaluation pour déterminer les mesures à envisager. La société Warner Lambert s'est donné comme critères de mise en œuvre, l'acceptation de la démarche par les travailleurs et l'adaptation à des objectifs précis et raisonnables de l'entreprise. Elle développe une stratégie préalable relative aux documents de prestations, programmes et politiques existantes qui favorisent la santé maternelle des enfants ; les ressources dont dispose la communauté pour contribuer à l'effort de l'entreprise…puis elle met en œuvre une stratégie formelle en termes de mission, objectifs, moyens. Elle prévoit les indicateurs de qualité, la sélection des fournisseurs. Et enfin, la gestion du succès de l'ensemble du processus pour la santé maternelle et infantile.

Notre comportement déterminé par nos expériences de vie, notre vie prénatale, notre enfance, notre adolescence, influe de manière plus ou moins positive sur le comportement de nos semblables. La prise de conscience des schémas inconscients et répétitifs qui nous pilotent, influence notre relation aux autres et nous conduit à des comportements plus sains. Les relations s'en trouvent affectées de manière positive. Nous transmettons qui nous sommes plus que ce que nous faisons. La capacité d'ouverture de l'entreprise, la formation continue créent les conditions d'une innovation sociétale en matière de parentalité.

Les entreprises, les collectivités locales sensibilisées à cette problématique y répondent avec des moyens adaptés: crèches, garderies, nouvelles pratiques managériales, adaptation des postes de travail pour les femmes enceintes, responsabilisation des collaboratrices qui préparent avec leur équipe, leur congé de maternité, flexibilité des horaires pour les parents. En France, la Charte de la Parentalité l'Observatoire de la Parentalité qui cherchent à concilier vie familiale et vie professionnelle témoignent de la reconnaissance par l'Etat et les entreprises du statut de salarié-parent. La compétence parentale relève de la responsabilité personnelle des parents et de la responsabilité collective de la société qui elle-même dépend de la compétence de l'environnement à soutenir la famille. Nous le savons au fond de nous-mêmes, nous le sentons. La solidarité qui n'a jamais manqué à la France, malgré ce que veulent bien en dire certains esprits chagrins, s'exprime aujourd'hui par le don de temps de repos que des salariés offrent à leurs collègues pour s'occuper d'un enfant malade ou d'une épouse dont la grossesse pose problème. Le premier don de temps a eu pour effet la légalisation de cette pratique, comme une reconnaissance de l'état à l'expression du soutien dont peut avoir besoin, un membre de la collectivité. L'entreprise et les pouvoirs publics démontrent aujourd'hui leur bonne volonté à assurer une grande part de leur responsabilité sociale, avec des concepts tels que : la santé au travail, le bien-être au travail, la responsabilité sociétale. Signer la charte, c'est pour la direction de l'entreprise, affirmer sa volonté de prendre en compte le statut parent du salarié. C'est une posture éthique, écologique et humaniste.

ACCOUCHER EN PARTENARIAT AVEC LA NATURE

Le care-giving assuré par l'entreprise ou par l'état, doit se poursuivre dans le suivi de la femme enceinte et à l'hôpital, mieux en maison de naissance. Lorsqu'une gynécologue s'écrie : « vous n'êtes pas encore à 3 mois de grossesse, ne vous réjouissez pas trop vite, on ne sait jamais ce qui peut arriver ! », elle crée chez la femme enceinte, un programme d'échec. De la même façon lorsqu'un interne demande à une future mère de lui réciter la liste des complications possibles, par rapport au chat qui vit dans la maison et à l'hygiène alimentaire, il l'infantilise et la culpabilise. La femme-enfant n'a plus alors d'autre choix que de s'en remettre à la Faculté. Chaque fois, on peut parler de maltraitance et de non respect de la sensibilité maternelle ainsi que de sa compétence à se prendre en charge. D'autre part, la femme doit avoir le choix de la position dans laquelle elle veut accoucher. Celle qui choisit un accouchement physiologique reste en position verticale et accouchera suspendue au cou de son compagnon, accroupie ou à quatre pattes. Aujourd'hui encore, dans certaines tribus, c'est le fils aîné qui va couper dans la nature, la branche qu'il arrimera dans un arbre pour aider sa mère à mettre au monde, le frère ou la sœur. La position verticale soulage la douleur. Les positions physiologiques évitent l'épisiotomie car la tête du bébé étire lentement le périnée. Lorsqu'une femme accouche dans une parfaite intimité, elle retrouve inscrit depuis la nuit des temps dans les profondeurs de ses gènes et de ses cellules, le réflexe d'éjection du fœtus que la nature a prévu pour l'aider et que les hommes ne cessent de contrarier à coups de positions médicales, médications, interventions intrinsèquement iatrogènes. Le cri qui accompagne ces contractions, s'il peut s'exprimer librement, aide au réflexe d'éjection. Or, nous vivons dans une culture qui musèle les émotions et censure les cris. C'est bien dommage car le cri des profondeurs que les femmes découvrent tout naturellement à cette occasion, libère l'ocytocyne, hormone du plaisir et stimule les processus analgésiques. Les sons graves qui sortent alors, soulagent la douleur par augmentation de la production d'endorphines. Bien que nous n'en ayons pas conscience, le son a une action tactile sur notre peau et à l'intérieur du corps. Celle-ci active le système de "gate control" qui donne la priorité à la sensation de bien-être sur la sensation de douleur.

Le cri ouvre non seulement la bouche mais aussi le vagin. Ces deux cavités ont une histoire commune que le vocabulaire dénonce sans ambiguité: pour le haut comme pour le bas, on parle de lèvres, de cavité buccale ou vaginale, du cou et du col. La formation de ces deux parties de l'anatomie féminine se fait en parallèle et en miroir, comme le décrit Elisa Benassi dans "canta in gravidansa". Elles se forment en même temps, durant la période embryologique et sur la même souche de tissus cellulaires. Le stomodeum va former la bouche, le proctodeum forme le vagin. La cavité buccale jusqu'aux cordes vocales se crée en miroir de la cavité vaginale, jusqu'au col de l'utérus. L'épithélium stratifié va développer la fonction glandulaire pour les lubrifier et les protéger. Les organes sexuels et leurs fluctuations hormonales influent sur les organes de la voix. En période fertile de la femme, la voix est vive et timbrée. En période prémenstruelle, elle est plus voilée et moins puissante. A ce miroir embryologique et hystologique, s'ajoute un miroir énergétique. Au niveau de la bouche, s'expriment des pulsions vitales associées à la nourriture et à la parole. Pour chanter, la bouche sculpte les sons. Dans le vagin, s'expriment les pulsions vitales nécessaires à la procréation. Fortement sollicité dans le chant, le périnée est un acteur incontournable du tonus expiratoire. Il est le berceau de l'énergie, le tremplin de la voix. Les lèvres et le périnée sont les points de jonction des vaisseaux Conception et Gouverneur de la médecine chinoise. Après un accouchement, un certain nombre de femmes tremblent, non parce qu'elles ont froid mais parce que ces deux vaisseaux sont séparés. Ces deux régions anatomiques fonctionnent également en miroir psychique et symbolique. « *La bouche accueille la nourriture jusqu'à satiété et la parole y naît. Le vagin reçoit la semence masculine jusqu'à la plénitude et l'enfant y vient au monde. Les deux sont des lieux de traversée où la création se réalise* ».

Le nouveau-né, lui aussi a son « protocole » de naissance. Un protocle inscrit dans ses gènes par la Mère Nature. Dans les 2 à 4 mn qui suivent la naissance, il a besoin d'une pause, d'un temps de relaxation. Sur le ventre de maman, il se rassure et se réchauffe. Il reconnaît les battements de son cœur. Il peut surmonter le stress de la naissance. Au bout de 5mn, il s'éveille. Il bouge la tête et les lèvres. Entre la 8ème et la 14 ème minute, il salive, cherche le sein, observe sa mère. Au bout de 20 mn, il rampe, porte la main à la bouche, fait connaissance avec son environnement. Son regard rencontre celui de sa mère. Instant d'éternité qui l'inclut dans l'amour et la communauté des humains. Puis à nouveau, il se repose. Enfin, au bout de 40 à 60 mn, il tête puis il s'endort. Le taux d'hormones chute.

Les premières heures qui suivent la naissance sont particulièrement importantes. Le Dr. Michael Meaney chercheur en neurosciences, à l'Université Mackgiel de Montréal, a fait des recherches sur des souris, dans les 12 heures qui ont suivi leur naissance. Il en conclut que l'éducation, dans cette période primale, peut changer la chimie des gènes. Ceux qui ont reçu les soins de leur mère multiplient leurs neurones, leurs capacités, et les femelles deviennent plus tard, des mères tendres et habiles. Les réflexes primaires encodés dans le cerveau, l'ocytocine et les peptides opioïdes construisent le sentiment d'amour et d'attachement de la maman indépendamment de la douleur de l'accouchement.

En France, La circulaire ministérielle de 2005 concernant la Préparation à la Naissance et à la Parentalité préconise « *une approche plus précoce de la préparation à la naissance et une démarche élargie à l'amélioration des compétences des femmes ou des couples en matière de santé et au soutien à la parentalité. En effet, certains troubles de la relation parents-enfant pourraient être prévenus par une attention précoce portée à la femme enceinte, la mise en oeuvre de dispositifs d'aide et d'accompagnement, une activation des professionnels autour des familles en difficultés et par une cohérence des actions en continuité, de la période anténatale à la période postnatale* ». Favoriser les liens d'attachement est un des objectifs de cette circulaire. Elle propose de respecter l'intimité parents-enfant dans les premières heures qui suivent la naissance. Elle encourage le contact physique direct entre le bébé, la mère et le père, consciente que les mères qui ont un contact précoce avec leur enfant ont plus de facilité à communiquer avec leur bébé, même non allaité. Elle conseille de favoriser la cohabitation 24 heures sur 24 avec le bébé à la maternité et d'encourager la mère à apporter une réponse chaleureuse et attentionnée aux besoins du bébé : le caresser, le bercer, lui parler tendrement, le réconforter, jouer et interagir avec lui. Cela peut en effet être très aidant pour les mamans qui n'ont pas reçu de soins relationnels à la naissance car leur propre mère était trop en souffrance.

La Haute Autorité en Santé se fait pédagogue quand elle incite les soignants à donner l'occasion à la femme de s'occuper de son bébé, le plus souvent possible. Toutes ces recommandations vont bien dans le sens de la mise en place et du renforcement du lien familial. Les soignants sont attentifs à la dépression post-partum ou à la tristesse qu'une maman peut éprouver, surtout si elle se sent incompétente dans son nouveau rôle et si elle manque de soutien. Le sentiment d'insécurité de la maman se transmet à l'enfant. Certaines ont besoin d'être rassurées sur le fait qu'elles savent faire, que la nature a tout prévu pour cela. Elles peuvent aussi trouver un apprentissage des techniques auprès des aides à la personne, des doulas, des formatrices en allaitement. A travers le regard bienveillant que ces personnes posent sur elle et sur son bébé, la jeune mère apprend à s'occuper de son enfant d'une manière attentionnée.

Toutes ces dispositions sont excellentes pour les parents submergés par l'émotion et qui resserrent leur lien de couple autour de leur enfant. Malheureusement, c'est un peu tard. L'accouchement lui-même a besoin d'intimité. La femme qui accouche a besoin de se sentir à l'abri des regards. Elle a besoin de se sentir entourée mais pas envahie. Elle doit pouvoir compter sur la sage-femme ou son compagnon, à sa demande. Elle a besoin de prendre son temps, de respecter son rythme et celui de son enfant. L'accouchement est un acte intime qui requiert la pénombre du lieu et la patience des assistants. Quelle maternité offre ses conditions aujourd'hui ? Les professionnels de la santé qui ont rédigé cette circulaire ont bien senti les conditions « nécessaires et suffisantes », peuvent-ils les mettre en application ?

Les jeunes femmes qui ont subi leur 1er accouchement plus qu'elles ne l'ont vécu, celles qui sont orientées « écologie, développement et lien durables » souhaitent aujourd'hui, un plus grand respect de leur corps, de leur être tout entier, de leur bébé. Merci à l'obstétrique de nous permettre d'accoucher dans de bonnes conditions de sécurité matérielle. Il faut maintenant remplir les conditions de sécurité psychologique.

L'ACCOMPAGNEMENT PERSONNALISÉ

L'accompagnement personnalisé, en cours de grossesse et au moment de l'accouchement a pour heureuses conséquences une baisse de ces formes de violence qu'on appelle prématurité et césariennes. Dans les pays qui laissent à la sage-femme, une large autonomie, (Pays-Bas, Pays Scandinaves, Japon), les taux de mortalité maternelle et périnatale sont les plus faibles. A l'inverse quand un pays confie l'accouchement/naissance aux mains des obstétriciens, le nombre de césariennes augmente : Québec, 23 %, États-Unis, 30 %. Le Brésil bat tous les records avec un taux de 52%. En effet, les obstétriciens sont formés pour intervenir alors que les sages-femmes le sont pour accompagner. L'OMS conseille de faire appel à des sages-femmes pour le suivi de la grossesse, la naissance et les soins au nouveau-né. Les résultats sont alors meilleurs pour les mères et pour les bébés car les sages-femmes proposent une surveillance périnatale personnalisée. Elles considèrent le nouveau venu, comme un être à part entière, doué de communication. Pour elles, le plus important est de laisser la maman et le bébé se reconnaître, se toucher, se respirer car elles savent que le lien d'attachement est capital pour la suite. Accueillir l'enfant, c'est remplacer le cocon physique qu'il vient de quitter, par un cocon psychique constitué de l'amour des parents, de leur émerveillement face à leur bébé, de tous ces sentiments qui se mêlent, s'entremêlent et enveloppent l'enfant. C'est un moment d'une grande richesse et d'une grande fragilité émotionnelles. C'est un moment sacré qui s'accompagne à distance. Par la suite, à l'occasion des tétées, des soins, du maternage, cette matrice d'accueil faite de gestes, de regards qui maintiennent le corps du bébé, sera à retisser. L'attention particulière des parents et des soignants, auprès de l'enfant nourrit son psychisme, l'aidant à construire sa personnalité.

Les maisons de naissance

De la même manière ont peut observer que les accouchements en maison de naissance durent en moyenne, trois heures trente, contre cinq heures en maternité. La maison de naissance est un lieu où le fait de prendre son temps, dans la convivialité, se solde au final par un gain de temps.

Un nombre peu élevé mais très dynamique et très engagé de sages-femmes propose des accouchements à domicile et la création de Maisons de Naissance. Aux Pays-Bas où les maisons de naissance sont nombreuses, l'accouchement est considéré comme un acte naturel. En France, on le considère comme un événement à risques qui de ce fait doit être encadré par des spécialistes, en établissement spécialisé. Moins coûteuse que la maternité, la Maison de Naissance devrait logiquement se multiplier, dans le climat de récession économique et d'innovation sociale de notre époque. Elle permet au couple d'être accompagné tout au long de la grossesse, l'accouchement et ses suites par la sage- femme qu'il a choisie. Elle propose une forme de coocooning : être « comme à la maison » et se sentir en confiance dans un cadre non hospitalier. Elle met à disposition des possibilités d'accouchement dans l'eau. Il existe 120 MDN en Allemagne, 24 en Suisse, 12 en Belgique, contre seulement 5 ou 6, en France. Saluons la très belle réalisation du geboortecentrum d'Amsterdam, premier centre d'accouchement aquatique qui a ouvert ses portes en 2011 suivi par le centre Semmelweis de Guingamp, dans les Côtes d'Armor.

Naître dans la dignité

La Maison de Naissance répond au droit à naître dans la dignité que nous réclamons aujourd'hui, avec le droit à mourir dans la dignité. Certains pays l'ont bien compris comme le Québec qui a misé sur le déploiement des maisons de naissances, la pratique sage-femme et la diminution des césariennes, mais aussi comme la Lettonie.

La visite d'une clinique d'accouchement en Lettonie, dirigée par une sage-femme, nous plonge dans un univers où le symbole retrouve sa place de médiateur dans la psyché humaine. Mme M. porte un ensemble blanc, décoré de coquelicots, symbole de fertilité. Fermé, Le bouton du coquelicot représente le principe masculin. Ouvert, il représente le principe féminin. Il est aussi le symbole de Déméter, déesse des moissons. Quand les femmes sortent de la clinique, on leur en offre un bouquet. Mme M. prépare les couples à la conception et à l'accouchement/naissance. Celui-ci se passe le plus naturellement possible. Les bébés viennent au monde dans l'eau puis on leur masse les pieds, on leur met des chaussons et on les dépose dans un cocon protecteur en laine, relié à un bonnet par un grand cordon qui rappelle le cordon ombilical. On observe que les bébés nés avec une circulaire du cordon, rapprochent de leur cou, le cordon du bonnet. Les bébés s'endorment heureux et sourient de bien-être jusqu'à 6 h après la naissance. Un peu plus tard, on pratiquera sur eux, le rituel des « poils de loup », coutume attestée dès 1220 : dans un sauna, on masse le bébé avec le lait de la maman. En 3 mn, les petits poils, dits « poils de loup » se dressent. Ce massage favorise le sommeil de l'enfant. La tradition veut que son développement en soit plus harmonieux. On enterre le placenta et on plante dessus, l'arbre qui s'y dessinait. Pour une fille, on plante un rosier, pour qu'elle soit belle ! Puis on fait la fête.

Des moyens pour des naissances humanisées

Les influences sonores

Des recherches, des expérimentations ont été entreprises dans certaines maternités, souvent avec des résultats très positifs. En son temps, le Dr Michel Couronne, pédiatre dans un service de néonatologie, à Metz, utilisa le « cordon ombilical sonore ». Pour aider les prématurés à se développer, une cassette audio est installée dans l'incubateur. Elle diffuse le discours rassurant des parents parlant à leur enfant et des musiques que l'enfant a entendues, in-utero. Les observations médicales font apparaître un apaisement chez les enfants, Les parents se sentent moins coupables et reliés à leur enfant. Pour l'équipe soignante, l'enfant retrouve une personnalité et on pense à le protéger des agressions sensorielles. Les soignants posent un nouveau regard sur les parents. On a pu constater à la sortie de l'hôpital, une meilleure relation parent-enfant, ce dernier réagissant à la voix de ses parents.

De son côté, Le Dr Klopfenstein, gynécologue, alors responsable de la maternité de Cuando Vesoul, utilisa l'"oreille électronique", mise au point par le Dr Alfred Tomatis, avec un groupe de jeunes mères, une heure par semaine, pendant les séances classiques de préparation à l'accouchement. L'étude poursuivie sur quatre années montra une diminution évidente de l'angoisse, une réduction du temps du travail de quatre heures à deux heures quarante, une diminution des césariennes d'un tiers par rapport à la moyenne nationale et une baisse considérable des interventions cliniques. *"L'équipe médicale a constaté une excellente relation mère/enfant. Il n'existe pas de mesures scientifiques du bonheur. Les enfants ont évolué dans la sérénité et les problèmes habituellement associés à l'angoisse des mères ne sont pas apparus."*

Le chant et la parole

Les ateliers de chant prénatal sont une bonne préparation à l'accouchement. Pour la femme, le chant permet un travail musculaire et respiratoire ainsi qu'une conscience du corps qui seront réinvestis durant l'accouchement. Pour les parents et le bébé, c'est un moment de comunication profonde qui met en place le cocon familial. Le bébé peut percevoir plus intensément, l'amour et la présence de ses parents. Il peut ainsi développer son psychisme de façon positive et constructive. Les vibrations de la voix le massent, le stimulent et contribuent à fortifier sa physiologie et sa psychologie. Il enregistre et mémorise des expériences musicales agréables dont il se souviendra après la naissance. Mozart, Vivaldi, Haydn, Haendel, la musique préclassique, les ouvertures de Rossini ou les musiques traditionnelles sont très appréciées des bébés in-utero. Ces musiques les calment et elles activent leur cerveau. Elles aident à la formation harmonieuse des organes. Par contre, ils ne supportent pas les musiques violentes. Des femmes enceintes qui étaient en train d'écouter ce genre de musique ont dû quitter la salle de concert, car leur bébé leur donnait des coups de pieds. D'autres en concert rock, ont été transportées d'urgence à l'hôpital, pour un accouchement parfois prématuré.

La maternité des Lilas, condamnée depuis peu par le gouvernement, celle de Pithiviers et celle des Bleuets résonnent encore du « chant prénatal » initié par Marie-Louise Aucher et Chantal Verdière, avec la complicité joyeuse du Dr Michel Odent. Le chant prénatal n'est pas une activité rentable mais il demande très peu d'investissement voire pas, met de la gaieté dans les maternités et prépare l'enfant et les parents a un accouchement serein. Il est un précieux auxiliaire de la sage-femme et prévient de nombreuses difficultés de la naissance.

Si le chant permet la communication avec le bébé in-utero, il en est de même pour la parole. Une femme raconte que pendant sa première grossesse, son mari était rarement à la maison car il faisait des études de médecine. Pendant la deuxième grossesse, le mari était beaucoup plus souvent à la maison et pendant la dernière partie de la grossesse, il communiquait tous les soirs avec le bébé. Il lui parlait du temps, lui demandait s'il avait passé une bonne journée et il lui disait : « bonne nuit, junior ». Lors de la naissance du bébé, le mari était présent et lorsqu'on a placé le bébé sur la poitrine de sa mère, il s'est approché et a dit à son fils : « coucou, junior ! ». Le bébé l'a regardé. La mère n'avait pas le moindre doute que le bébé reconnaissait clairement la voix de son père. Il s'avère que les relations entre le deuxième enfant et le père sont très différentes de celles qui existent entre ce père et son premier enfant.

L'art floral

L'ikebana est un des plus beaux arts et à mes yeux, le mieux approprié à accompagner la femme enceinte et le bébé prénatal. Il facilite l'intériorisation caractéristique de la femme enceinte et se trouve dans une résonance parfaite avec les 3 temps de la maternité : conception, gestation, naissance. Quand Macha démarre une séance de démonstration, elle installe son matériel sans dire un mot. Avec des gestes calmes et précis, elle dépose sur une table basse, un bouquet de fleurs et de feuillage, un sécateur, une vasque assortie de pointes pour piquer les fleurs. Un grand silence se fait dans la salle. On retient son souffle.

Macha prend un rameau, l'observe, évalue avec son sécateur où elle va le couper, puis elle tranche la tige, la regarde à nouveau, l'approche des pointes, observe à nouveau, change l'orientation du rameau, le pique enfin. La salle est plongée dans un silence religieux et admiratif.

Macha prend un arum et avec la même délicatesse, la même infinie patience, la même conscience de chaque geste, elle déroule à nouveau ce qui prend l'intensité d'un rituel. Nous touchons à l'essence du sacré.

Macha a planté 4 tiges. Le résultat est surprenant de grâce, de légèreté, de beauté. Pour chaque geste, nous avons senti les phases de : conception, gestation, création.

L'hypnonaissance

Un entraînement à l'hypnonaissance est également possible. Cette technique a été mise au point par Marie Mongan, à la suite des observations du Dr Dick Read. Ayant vu une jeune femme pauvre accoucher sans douleur dans une rue de Londres, celui-ci fut étonné de la voir tellement détendue. Personne ne lui avait appris qu' *« un accouchement, c'est douloureux ».* Ne le sachant pas, elle avait laissé la nature agir en elle. Le Dr Read comprit alors que la difficulté de l'accouchement était due au « syndrome peur-tension-douleur ». Il publia: « l'accouchement sans peur ». Quelques années plus tard, Marie Mongan réinventait l'accouchement tel que la nature l'a prévu, grâce à une technique innovante, « l'hypnonaissance ». Les couples préparés par cette méthode accouchent confortablement. Les femmes en état de relaxation vivent ce moment dans un état de bonheur profond. Le Dr Lorne R. Campbell Sr M. D. témoigne d'un taux de césariennes qui passe de 25 % dans les conditions habituelles des accouchements dans son service, à 3 % avec l'hypnonaissance. Il n'y a plus de complications obstétricales et les nouveau-nés ne sont plus épuisés, ils n'ont plus besoin d'oxygène. Au vu des résultats, certaines assurances maladies américaines ont bien vu leur intérêt dans le remboursement des stages d'hypnonaissance.

Avec la première mondiale réalisée par le Dr Gilles Dhonneur, chef du service anesthésie-réanimation à l'hôpital Henri-Mondor de Créteil (Val-de-Marne), le 3 avril 2014, on peut espérer que l'hypnose et l'hypnonaissance soient bientôt couramment pratiquées. Dans le service du Dr Dhonneur, Alama, chanteuse professionnelle africaine a été opérée sous hypnose d'une tumeur à la thyroïde. Elle a chanté tout au long de l'intervention. A une époque où la sécurité sociale cherche à faire des économies et veut réduire à 3 jours, le séjour en maternité, ces techniques sont extrêmement avantageuses. Elles limitent les anesthésiques, elles permettent à la maman et au bébé d'être en forme à la sortie de la maternité, elles ouvrent aux sages-femmes qui accompagnent à domicile, un champ d'action plus vaste: plus de temps pour cette relation privilégiée entre elles et les mères, sur un champ intimement féminin. A ce sujet, nous pouvons nous poser une question: est-il juste de laisser aux hommes la place qu'ils occupent aujourd'hui dans les maternités ¿ Sans tomber dans un intégrisme religieux ou une pudeur pudibonde, on peut se demander si l'intrusion des hommes par le biais de la technologie, dans un monde féminin par son essence même, est encore adaptée. Les femmes sont devenues médecin, professeur, titulaire de chaires et elles ont largement démontré leurs capacités. Dans le combat qu'elles ont conduit pour l'égalité (pour l'amour dirait Barry Lang), elles ont d'abord imité les hommes puis elles ont retrouvé leur identité. Elles se sont fait reconnaître en tant que femme, épouse, mère, professionnelle, et peuvent enfin faire entendre leur voix, pour un monde plus souple, plus humain, centré davantage sur l'être profond de chacun et espérons-le, moins axé sur la course à l'argent, au profit, à la rentabilité.

L'ostéopathie

Une maternité de Bordeaux fait appel un à ostéopathe qui fait revivre à l'enfant, les mouvements de la naissance. Cette répétition accompagnée par la voix chaleureuse du praticien, améliore les dysfonctionnements, reconstruit les crânes qui ont subi des traumatismes, prévient les coliques, les otites. Elle facilite l'ouverture du corps et renforce le système immunitaire. L'ostéopathe met des mots sur les émotions pour décharger le bagage de l'enfant et éviter des somatisations. Le doute du corps médical au début de l'expérience a fait place à l'adhésion devant le bien-être manifesté par les bébés: ils sont plus calmes, plus sereins, ils pleurent moins. L'état français reconnaît l'ostéopathie en maternité, depuis 2004.

Le yoga

Les femmes enceintes en Occident, peuvent pratiquer divers types de yoga: Le Hatha-yoga prépare les muscles pour une naissance sans déchirure. Le travail des postures facilite la naissance. Les exercices de respiration apportent de l'oxygène et de l'énergie à l'enfant. Ils allègent les émotions et détendent l'esprit. Le Raja-yoga déconnecte l'intellect pour une naissance plus rapide et plus naturelle. Dans le Nada-yoga, les mantras suscitent des vibrations ancestrales très fortes qui contribuent à l'éclaircissement et à l'apaisement de l'esprit.

L'amour et la tendresse

Oserons-nous loger l'amour ou la tendresse au rang de techniques ¿ Il n'en reste pas moins vrai que ses sentiments ont une activité mécanique sur la production d'hormones : ils stimulent les endorphines et sécrètent de l'ocytocine qui assurent le bien-être du bébé prénatal. Leur production pourra être augmentée par la musique, le chant, la relaxation, l'inspiration artistique, la méditation ou l'art-thérapie. Celle-ci permet l'acceptation, la compréhension, et la transformation des émotions. Elle est en résonance avec l'état de la femme enceinte engagée totalement dans son corps et sa psyché dans un travail d'acceptation de sa situation de femme devenant mère; dans un travail de compréhension de ses émotions; dans un travail de transformation pour apporter à son enfant, le meilleur d'elle-même. La femme à cet instant est le maître d'œuvre du plan contenu dans le code génétique de son enfant. En passant d'émotions douloureuses à des émotions plus paisibles, elle apporte à son enfant, plus de joie intérieure, plus de plénitude, plus d'espace pour respirer. Elle influe alors sur les matériaux que son corps met à la disposition de son enfant pour en réaliser l'architecture. Elle active dans les gènes de celui-ci, des possibilités d'expansion, de dilatation plutôt que des possibilités de contraction, de repli sur soi, de peur. Investie consciemment dans ce travail, elle permute, elle alchimise, elle transforme le plomb de la souffrance éventuelle en or de la libération.

La relation

Les sages-femmes mettent à la disposition de la femme, du couple, du bébé qu'elles accompagnent, des moyens pour une meilleure relation de couple, pour la création de la famille, pour l'accouchement lui-même. Elles établissent la relation entre l'enfant et ses parents dès la grossesse créant un véritable partenariat entre les acteurs de l'événement, l'apprentissage au travail d'équipe démarrant in-utero. Ces différentes techniques aident à l'implication du père qui prend sa place de soutien auprès de la mère. Elles lui permettent d'entrer dans sa paternité dès la grossesse et d'assumer ses responsabilités de chef de famille avec plus de confiance. La tendresse que l'enfant reçoit à travers ces activités le valorise et engramme dans son subconscient, des mémoires positives qui nourriront sa confiance pour la vie et en la vie. Ce travail des différents acteurs a pour conséquence de faciliter l'attachement entre l'enfant et les parents. Celui qui vient au monde vrille un regard intense dans les yeux de ceux qui l'ont appelé au monde. Ils se connaissent et se reconnaissent. Cette relation très précoce entre l'enfant et le parent sera d'autant plus épanouissante que celui-ci sera reconnecté à son enfant intérieur. Le jeu établi avec l'enfant in-utero se poursuivra alors, après la naissance.

L'expérience de l'hôpital Brome Mississquoi Perkins

Mettre en place ce type d'accompagnement suppose de renverser les priorités des établissements hospitaliers pour apporter aux mères et aux bébés, une sécurité affective, base d'une réelle confiance en soi. C'est le pari tenté à L'Hôpital Brome Missisquoi Perkins au Québec, qui a le mérite de changer la culture du risque et du pathologique contre une culture du physiologique qui respecte l'autonomie du couple. « *La femme a droit au refus ou au consentement éclairés* ». Ce qui revient à lui reconnaître une place entière dans l'équipe qui l'entoure. Elle n'est plus une patiente obéissant passivement aux ordres de l'équipe médicale. Elle sort de l'infantilisme et entre pleinement dans sa compétence à veiller sur sa propre vie et celle de son enfant, compétence qui va fonder sa compétence parentale et lui donner confiance en elle. La naissance est perçue comme un événement normal de la vie qui ne nécessite aucune intervention, sauf cas particulier. Une préparation à la naissance et un soutien émotif et physique durant le travail optimisent les chances de vivre un accouchement normal. La femme retrouve ainsi sa compétence ancestrale à accoucher. Les médecins et les équipes sont plus satisfaits de l'accompagner dans une expérience de vie positive et enrichissante. Tous se sentent valorisés dans ce travail qui correspond davantage à leurs valeurs humanistes. L'expérience positive de l'accouchement pour une femme améliore sa santé et celle du nouveau-né. Elle a un impact bénéfique sur l'estime personnelle, sur la vie du couple, sur le développement de l'attachement à l'enfant et sur les débuts de la vie de mère.

De même au Québec, l'Institut National d'Excellence en Santé et en Services Sociaux (INESSS), s'est penché sur les moyens à mettre en œuvre pour réduire le nombre des césariennes et de moyens invasifs en obstétrique. On s'est alors rendu compte que les technologies avaient remplacé, dans certains cas, un savoir-faire dans les soins et que les environnements professionnels et organisationnels favorisaient une approche interventionniste. L'INESSS a alors convié tous les partenaires concernés, ainsi que les femmes du Québec, à étudier les propositions et les constats faits dans son rapport et à entreprendre les actions nécessaires pour maintenir le Québec dans les premiers rangs mondiaux pour la qualité des soins aux mères et aux nouveau-nés.

Dans cette démarche, les services de santé se décentrent un peu d'eux-mêmes, de leur zone de confort, pour prendre l'avis de la 1ère concernée, la femme. Celle-ci retrouve son statut de personne responsable, autonome, intelligente et donc capable de dialogue avec les instances médicales. Le terme « actient » qui apparaît depuis peu dans le langage rend compte de ce changement de statut des patients qui deviennent aussi des acteurs dans le système de soins et ne se contentent plus de consommer de manière passive. Le « consommacteur » a donné naissance à l' « actient(e) ». Cette invitation des femmes à réféchir aux soins qu'on leur prodigue leur rend un peu d'humanité, même si l'objectif est encore la performance et non… l'amour.

LA FORMATION DES JEUNES

Jusqu'à une date très récente, l'éducation se confondait avec l'instruction ou avec le formatage. Malgré l'adage de Montaigne, « mieux vaut une tête bien faite qu'une tête bien pleine », on a continué pendant des siècles à remplir les têtes. Si nous reprenons la racine latine d'éduquer, « ducere » c'est-à-dire conduire, il s'agirait de conduire l'enfant, de l'accompagner dans le développement de son potentiel, de lui fournir les matériaux et les moyens pour accomplir le désir de croissance et de réalisation inscrit dans ses cellules, dès la conception. En effet, nous savons maintenant que dès la conception, un programme de vie et de développement se met en place, pour l'enfant. Le projet conscient ou inconscient des parents, à cette période, influence déjà le futur enfant dans son projet de vie et dans ses tentatives de réalisation. La gestation est aussi une période d'éducation où peut se mettre en place, une « attention prénatale précoce » facilitant le développement du potentiel physique et psychique de l'enfant ainsi que ses capacités relationnelles et ses aptitudes au bonheur. Il s'agit d'accompagner le travail de la nature. Avec les découvertes des compétences de l'enfant prénatal, le travail parental se fait plus complexe. L'aspect psychique et spirituel est pris en compte au même titre que l'aspect physique.

Eduquer un enfant, ce n'est pas lui donner ce dont il a envie, c'est lui donner ce dont il a besoin. Un enfant a besoin d'amour, c'est indéniable. Il a aussi besoin d'un cadre à l'intérieur duquel faire l'expérience de la liberté. Il a besoin d'une autorité ferme et bienveillante comme garde-fous vis-à-vis des pièges de la société et des excès qu'elle propose. Il a besoin d'un modèle auquel se référer et en face de lui, une stabilité contre laquelle exercer sa force ou son pouvoir de séduction.

Eduquer un enfant, c'est lui donner toutes les clés lui permettant de se réaliser dans la joie. La joie communiquée par les parents, les enseignants, les camarades. La joie du travail collectif, du partage, de l'échange. Eduquer un enfant, c'est faire de lui un adulte et un citoyen responsable. C'est lui permettre de développer ses capacités, ses talents et ce qu'il a en lui d'unique, pour les offrir au monde. Chacun d'entre nous vient sur cette terre pour exalter son génie, c'est-à-dire, ce qu'il a dans ses gènes. Eduquer l'enfant, c'est faire confiance à ses ressources internes pour qu'il ait confiance en lui, c'est reconnaître et valoriser ses compétences.

« On passe des années à un apprendre un métier, me dit Paul. On n'apprend pas à devenir parent. Là, on se débrouille !... On attend des jumeaux et on n'est pas prêts ! ». On n'apprend pas non plus à créer et réussir son couple. Nulle connaissance sur le fonctionnement de chaque sexe et leur complémentarité. On n'apprend pas le respect de son corps, le respect du corps de l'autre et ces lacunes forment le lit des désillusions, du célibat subi, du divorce. L'on croit naïvement qu'un coup de foudre suffira à nourrir toute une vie et l'on fait des enfants qu'on abandonne, faute de ressources intérieures. La matrice culturelle influence les jeunes pour qu'ils s'attachent à leurs études et se dotent d'un « bon » métier. Ils deviendront parents sans autre préparation que celle des échanges entre pairs, des émissions télévisées, d'internet, des ragots en tous genres. Avant d'être parents, bon nombre d'entre eux seront alcooliques, fumeurs ou drogués. Ils auront déjà obéré leur capital santé par un manque d'hygiène dans leur alimentation et leurs façons de vivre. Une étude récente a démontré que la façon de se nourrir d'un adolescent aura des répercussions sur l'enfant qu'il mettra au monde, 10 ans plus tard. Quel jeune aujourd'hui en est informé ? L'école se chargera-t-elle sérieusement de la formation des adultes et parents de demain ou devrons-nous changer les formes de l'école ? Dans cette période d'instabilité politique et économique, la société civile aidée par internet, se réapproprie son pouvoir et crée de nouvelles formes : circuit court de distribution pour les éleveurs qui deviennent commerçants en même temps que paysans. Des valeurs traditionnelles de gestion économe se réactualisent dans la construction de maisons en terre, en bois, en paille, etc. Le devenir parent n'échappe pas à cette nouvelle vague. Une politique de prévention peut être largement développée par

105

l'information des jeunes et la prise de conscience de l'importance de la vie intra-utérine.

Les jeunes devenus parents trop tôt, « par accident » ont parfois des conduites à risques. Ainsi ce jeune papa hésitant entre la sécurité de sa fille et une conversation téléphonique sans nul doute, palpitante.

Je me promène sur un boulevard d'une grande ville, observant de magnifiques façades, j'entends un enfant qui pleure. A 500 m devant moi, j'aperçois 2 masses sombres. L'enfant qui crie et un adulte accroupi près de lui. Il se relève, l'oreille collée au téléphone. De l'autre main, il tient un énorme ballon de baudruche en forme de cœur et tente de relever l'enfant. Il lâche le ballon. L'enfant redouble de cris et de pleurs.

- Attends, dit-il à son interlocuteur.

Il s'élance vers le ballon, hésite tandis que celui-ci file plus loin, puis il se tourne vers l'enfant et lui dit :

- Reste ici, j'arrive.

L'enfant crie toujours.

- Reste ici, j'arrive.

Il hésite toutefois à s'élancer à la poursuite du ballon. Nous sommes à un carrefour, sur un grand boulevard.

- Allez-y, Monsieur, je m'occupe de l'enfant.

Je prends dans mes bras une petite fille qui doit avoir 2 ans, légère comme une plume. Je lui parle avec beaucoup d'amour et de tendresse. Je lui dis entre autre :

- Il ne s'est pas rendu compte, papa !

- Oui, me répond-elle.

Et elle cesse de pleurer. Le papa revient avec le ballon, il n'a pas lâché son téléphone. Il n'a pas de temps pour parler, il est occupé.

Il est assis sur un banc, dans le parc urbain. Un costaud avec des cheveux et des yeux noirs de jais. Il doit avoir entre 15 et 17 ans. Quand je passe devant lui, je l'entends marmonner quelque-chose. Je me demande si ce jeune-homme va bien. Une heure plus tard, je rentre du marché. Quand je passe à sa hauteur, j'entends : « Vous êtes charmante, madame ». Cette fois, j'ai compris. Il s'exerce au métier de gigolo.

Ce n'est pas seulement la crise économique qui pousse les hommes et les femmes à se prostituer. C'est surtout le regard perverti que nous posons sur la vie, l'amour, la sexualité. La désacralisation des faits et gestes nous ramène à une époque animale où les pulsions et les instincts dominaient. A défaut de renouer avec des religions dépassées et des dogmes désuets, à défaut d'une morale dont nous ne voulons plus, il nous revient d'élever nos enfants dans la conscience de l'altérité, de former les enseignants en ce sens, de développer une culture de l'écologie humaine qui prend sa source dans les origines mêmes de la vie. 8 000 adolescentes environ se retrouvent enceintes chaque année en France. 70 % d'entre elles ont recours à l'avortement. L'information apportée aujourd'hui par l'Education Nationale est insuffisante. C'est une véritable « éducation à la vie », une éducation globale qui devient nécessaire aujourd'hui et pourra justifier le titre de ce ministère. Elle doit proposer des cours relatifs au respect de soi-même, de son corps, de l'autre ; à la communication authentique ; à la connaissance des processus biologiques et psychologiques à l'œuvre, selon les différentes étapes de la vie ; au choix d'un partenaire de vie ; aux valeurs à promouvoir et compétences à développer pour être heureux seul, en couple, en famille, en société ; au sens de la responsabilité dans ses propres choix de vie, dans le fait de donner la vie. Si concevoir un enfant est un acte naturel, c'est aussi un acte qui engage la vie et la responsabilité de plusieurs personnes et qui prépare le devenir de la société. Il est important que les jeunes aient cette conscience et se préparent à concevoir et à accompagner la gestation. Cet enseignement dans les écoles devra inclure la connaissance des nourritures adaptées pour alimenter le corps et la psyché : alimentation saine, créativité de la mère, attitudes positives de son entourage,   relation entre celui-ci et l'être prénatal ; en résumé, la génétique et l'épigénétique. Comme elles touchent les jeunes dans leur réalité profonde, ces connaissances les intéressent forcément et sont susceptibles de transformer les relations entre les sexes ainsi qu'entre les élèves et le corps enseignant.

La formation des enseignants quant à elle, mériterait d'être repensée en termes d'efficacité comportementale et non de connaissances académiques. Point n'est besoin pour un professeur des écoles, d'être titulaire d'une maîtrise de lettres ou de chimie, par contre, il lui est indispensable de connaître les étapes du développement de l'enfant dans leurs aspects psychobiologiques et affectifs. Il est nécessaire que les enseignants soient formés essentiellement et non accessoirement, à la gestion des groupes, au travail en équipe, à la conduite de réunion, à la communication, à la gestion des conflits, en plus de la pédagogie. Il serait souhaitable qu'ils aient eux-mêmes une bonne gestion de leurs émotions et qu'ils puissent trouver de l'aide dans des groupes d'analyse de pratiques, auprès de pairs ou de conseillers formés à ce travail.

« Les nouveaux enfants étiquetés « enfants à haut potentiel avec ou sans hyperactivité », particulièrement intelligents et précoces souffrent d'une inadaptation scolaire associée ou non à des troubles du comportement. Ils font l'objet d'étude et sont suivis dans des services neurologiques d'hôpitaux. Christine a résolu le problème pour ses propres enfants. Elle a choisi un système éducatif qui s'adapte à l'enfant et non l'inverse. Les enfants sont heureux d'aller à l'école, fiers de faire leurs devoirs et savent que demain, quand ils seront interrogés, ils seront félicités. « *Mon 1er enfant est allé dans une école maternelle classique, raconte-t-elle. Je l'ai enlevé parce que ça se passait mal. Il devenait agressif. Quand j'arrivais à la grille de l'école, personne ne se parlait. Chaque parent s'occupait de ses enfants. Il était mal vu d'être en retard. La maîtresse était toujours pressée. Quand elle me disait : « il*

faut que je vous voie », *je savais que quelque chose n'allait pas »*. *Aujourd'hui,*
quand j'arrive à l'école, c'est la maîtresse qui m'accueille et qui me dit : « Ca s'est
bien passé aujourd'hui. Il a fait telle et telle chose. Il est content. » Et mon fils n'a
pas envie de rentrer à la maison ». Respect et valorisation, toute l'éducation devrait
être construite autour de ces deux termes. D'ailleurs ce qu'on appelle aujourd'hui
« éducation », ça n'en est pas. L'éducation doit être un accompagnement. L'enfant a
tout ce qu'il faut en lui, pour actualiser son potentiel : le génie inscrit dans ses gènes
et l'élan vital pour l'inscrire dans la matière. Nous devons être des accompagnateurs
de ce processus, des veilleurs, gardiens de sa santé physique et psychique, des
facilitateurs de vie.

Les communautés qui ont choisi l'instruction à la maison se rassemblent pour de
grandes fêtes où chaque enfant se retrouve avec 20 parents et 50 frères et sœurs. Dans
ces communautés, les barrières, les murs institutionnels qui ont calqué l'école sur les
modèles militaire et religieux des siècles antérieurs sont tombés. Quand au 19ème
siècle, la bourgeoisie a besoin de main d'œuvre et de cerveaux pour se développer,
l'instruction des masses populaires se fait au prix de l'enfermement. Aujourd'hui,
non seulement les murs tombent mais les mentalités changent. Finis les « Monsieur,
Madame » et le vouvoiement. Terminées la hiérarchie, ses us et coutumes, sa
lourdeur. Jeté au panier, le découpage en séquences d'enseignement d'une heure
imaginé par les Jésuites pour empêcher le développement du moi. Terminés enfin, les
programmes et l'impérieuse nécessité de savoir lire à 6 ans. Les nouveaux enfants
apprennent à leur rythme. Certains savent lire à 4 ans, d'autres ne sauront qu'à 12
ans. Leur créativité naturelle est encouragée. Aidés par les parents des uns et des
autres, ils apprennent en un temps record, les langues, la peinture, la musique. C'est
dans la vie de chaque jour, que l'apprentissage se réalise. Les enfants des artistes qui
voyagent avec leurs parents apprennent les langues et la géographie sans aller à
l'école. Ils apprennent à l'école de la vie et l'expérience démontre que les enfants
instruits en famille réussissent mieux que les autres à l'université. Si l'Education

Nationale perd en route, environ la moitié des élèves, l'enseignement informel affiche un taux de réussite de 100 %. Score tout à fait possible quand on attend de l'enfant ce qu'il peut donner et pas autre chose, que son évaluation se fait par rapport à ses dernières acquisitions et non par rapport à une moyenne qui ne repose sur aucun fondement. Dans certaines tribus d'Australie, la personne qui estime avoir bien progressé, propose aux autres de faire la fête. En Occident, on fête des anniversaires qui ne marquent rien qu'une année de plus. Quel sens cela a-t-il ?

L'éducation civique et citoyenne, l'éducation à la vie, doit devenir le programme le plus vaste dans un proche avenir, faute de quoi nous continuerons à distribuer des pilules contraceptives et pratiquer des avortements sur des mineures, moraliser et enfermer les jeunes dans les prisons, vouloir la paix et bastonner.

SE PREPARER A CONCEVOIR

Eduquer un enfant, c'est aussi lui apprendre à se nourrir. Non pas bouffer, avaler, engloutir, mais savourer les aliments et sentir qu'ils nourrissent les cellules. Prendre des repas complets dans une atmosphère détendue en étant présent à ce que l'on mange, c'est-à-dire en ne faisant que cela. La manière de manger est aussi importante que le fait de manger. Si la nourriture est importante pour le fœtus, elle l'est aussi pour ses parents, dès avant la conception.

Pour concevoir un enfant, une préparation psychique est nécessaire mais aussi une préparation physique. Il s'agit dans un premier temps de nettoyer le terrain, de défricher sa propre terre. Pour les jeunes qui consomment de l'alcool et des cigarettes, il est mieux d'arrêter 6 mois avant la conception et de mettre en place une cure de détoxination sous la forme par exemple, d'une mono-diète, une journée par semaine. Ce jour-là, on ne consomme qu'un seul aliment, fruit ou légume ou encore des jus de fruits. Les amalgames dentaires diffusent dans le corps, des métaux lourds : plomb, cadmium et des toxiques comme l'arsenic qui peuvent traverser la barrière placentaire comme en témoignent les selles des nouveaux-nés. On peut s'en séparer en consommant des chélateurs tels que la chorella associée à de la coriandre et de l'ail des ours. Il s'agira ensuite d'amender le terrain en lui apportant les meilleures nourritures et en comblant les carences. Les besoins en vitamines B doublent, tout simplement. La vitamine B9 est indispensable à l'édification du squelette de l'embryon, dans les 1ères semaines et prise au cours du 1er trimestre de la grossesse, elle réduit de façon significative la probabilité de troubles du comportement chez le jeune enfant. On la trouve dans les légumes à feuilles, les légumineuses, les céréales, les asperges, les figues sèches, les brocoli, les racines et les avocats. La vitamine D quant à elle, va consolider le squelette.

Chez la femme enceinte, les besoins en calcium augmentent de 50 % et le fer, de 25 %. Pour éviter anémie et fatigue, les légumes secs, les légumineuses, les céréales, les œufs, la viande en seront de bons pourvoyeurs. La spiruline est un complément de choix pour éviter que la femme enceinte ou le bébé souffre de carences en fer et en vitamine B9. Le lait d'amande est riche en calcium et magnésium. Il est aussi plus assimilable que le lait de vache car plus léger. Les noix, noisettes, amandes, excellentes sources d'huiles peuvent compléter l'apport en calcium. Il est préférable d'éviter les huiles issues de fleurs jaunes, tournesol, colza, qui pompent les métaux lourds du sol. Elles sont d'un grand secours pour la terre-mère mais pas pour la terre des parents. L'Organisation Mondiale de la Santé recommande d'éviter la margarine, les biscuits, les gâteaux, le sucre et la farine blanche : rappelons que les produits de synthèse sont nuisibles à la santé, que le sucre est l'aliment du cancer et que les minéraux se trouvent dans l'enveloppe si précieuse du grain. Celle que « par hasard », on élimine. Les petits poissons sauvages type sardines ou maquereaux sont recommandés car ils contiennent de l'iode et des omegas 3 et sont moins contaminés que les gros par la pollution des océans. Si la femme consomme trop peu de poisson, les capacités de verbalisation peuvent s'avérer plus faibles, entraînant problème de communication et d'intégration sociale. Mais si le poisson est contaminé, il s'ensuit une neurotoxicose avec paralysie, surdité, problèmes de vision, retard mental. L'iode est un oligo-élément indispensable à la fabrication des hormones thyroïdiennes pour la maman et il participe à la construction du système nerveux du fœtus, favorise le développement cérébral et prépare l'apprentissage de la lecture. Il est présent dans l'oignon, le radis et l'ail. Le faible poids à la naissance affecte le QI et la structure du cortex et retarde l'adolescence. Une étude récente portant sur le développement des organes pendant la vie intra-utérine fait apparaître que durant les derniers mois, le fœtus privilégie le développement de son cerveau au détriment des autres organes, particulièrement du foie et des reins. Les prématurés et les bébés de faible poids à la naissance présenteraient des déficits de croissance qui les exposeraient dans leur vie d'adulte à l'hypertension artérielle et au diabète de type 2. Ils présenteraient une difficulté à digérer les médicaments.

Il ne suffit pas de bien choisir ses aliments. Encore faut-il les cuisiner dans des conditions qui protègent leur teneur en nutriments et respectent leur intégrité. Les cuissons à haute température, dans l'eau bouillante, au micro-ondes ou sur des plaques vitro-céramiques détruisent les molécules des aliments, créant des composés et macro-molécules que l'organisme ne peut assimiler. Il s'ensuit des dépôts sur les articulations, de l'embonpoint, une fatigue chronique. Il va sans dire qu'un biberon ne se réchauffe pas au mico-ondes, et que les bonbons pleins de conservateurs et de produits chimiques sont à proscrire.

La consommation d'alcool, de tabac et de drogue pendant la grossesse, ainsi que l'exposition post-natale au tabac, sont associées à des risques de problèmes comportementaux : manque d'auto-contrôle, de concentration, de capacité de planification, entraînant un retard scolaire évident. Il semble que l'exposition au tabac réduise la quantité d'oxygène dont dispose le fœtus et modifie la chimie du cerveau.

Les boissons gazeuses édulcorées sont à proscrire. L'étude d'Halderson publiée en septembre 2010, dans l'American Journal of Clinical Nutrition, conduite auprès de 59 334 Danoises, fait apparaître une augmentation du risque de prématurité de 27 %, à partir d'une boisson gazeuse édulcorée par jour. L'augmentation est de 78 % à partir de 4 consommations journalières. Par ailleurs, elles favorisent l'obésité. Or, une étude montre que les petites filles dont la maman est obèse ont 10 fois plus de risques d'être obèses à leur tour et que les petits garçons qui ont un papa obèse ont 6 fois plus de risques de l'être eux-mêmes. Les malformations sont 2 fois plus nombreuses chez les femmes obèses. L'excès de poids chez la mère entraîne 15 % de maladies cardio-vasculaires en plus et des malformations cardiaques. Une prise de poids trop importante chez la mère pendant la grossesse entraîne un excès de poids chez l'enfant vers 3 ans. Le bébé exposé à la triade « doux-salé-gras », pendant la grossesse voit les centres du plaisir touchés et gardera cette prédilection. Les boissons énergisantes, riches en caféïne,   consomment plus d'énergie pour leur digestion qu'elles n'en apportent à l'organisme. Elles sont donc également à proscrire.

Concevoir dans la joie, la beauté, dans un cadre agréable, s'entourer de parfums et de couleurs, écouter une musique douce   concourt à engrammer dans les 1ères cellules de l'enfant, des émotions de douceur, de paix, de bien-être. Les couleurs que porte la femme enceinte ont aussi leur importance. Elles traversent le corps maternel et atteignent le fœtus, nourrissant ses cellules. L'énergie dans notre corps est apportée par la lumière, les nutriments, le mouvement. Le noir absorbe les photons qui doivent alimenter les cellules. Il est donc conseillé de porter des vêtements de couleur.

ACCOMPAGNER LE MONDE EN TRAIN DE NAITRE

« On ne changera pas le monde sans changer la façon de naitre », dit Michel Odent, Directeur du Centre de Recherches en Santé Primale, à Londres. Le monde est en gésine. Le macrocosme, comme chacun d'entre nous, au fil de son évolution, abandonne ses vieilles mues pour accéder à une nouvelle vie. Cela ne va pas sans souffrance. Espèrons qu'il ne reste pas trop longtemps coincé dans la 3ème matrice de Groff, là où il serait susceptible de développer des tendances sado-masochistes. Certes, nos mémoires, nos peurs, nos croyances nous poussent à nous retourner et nous accrocher à ce qui fut. Il nous faut beaucoup de courage pour abandonner nos certitudes et nous avancer sans protection dans l'inconnu. Parfois la foule qui suit nos pas, nous rassure, parfois, elle nous effraie. Nous nous replions alors sur nous – mêmes, en quête de facilité. Mais rien n'y fait, un jour, il faut bien reprendre son bâton de pèlerin et accepter le nouveau.

Changer la façon de naître ne commence pas dans la salle d'accouchement. C'est un long travail qui se met en place avec l'éducation ou plutôt l'accompagnement. C'est un travail qui suppose de changer notre regard sur le monde, la société, le couple, la famille, la femme enceinte, l'enfant, en relations avec leurs matrices environnementales. Cela suppose de changer nos mentalités, nos moeurs, nos valeurs. Et finalement, cela suppose d'aller à la rencontre de nous-mêmes, de notre nature profonde.

Connaître notre vie prénatale et l'impact de celle-ci dans notre communication et sur nos relations avec les autres, donne plus d'acuité à notre sensibilité et notre compassion. Cette connaissance développe les centres de l'empathie et par conséquent éveille notre sensibilité à l'état intérieur du tout petit. Elle nous donne les moyens pour reconnaître rapidement la raison d'une colère, d'un comportement agressif et savoir l'apaiser par des mots, des gestes, un regard. Elle permet de mieux comprendre ce que l'adulte coupé de son enfant intérieur, nomme « caprice » et à quoi il répond souvent par des attitudes de rejet, d'ironie, de dédain, d'ignorance qui ne font qu'amplifier le désarroi du tout-petit. Nous entrons alors dans un cercle vicieux, fondateur des comportements violents où les cris de l'enfant nourrissent l'exaspération de l'adulte et vice-versa.

Sortir des peurs qui nous véhiculent, nous ligotent et nous entravent nous évite de recourir de manière systématique aux interdits. Nous nous situons alors dans une véritable démarche d'accompagnement qui commence par une observation fine de l'enfant et l'autorise à explorer le monde qui l'entoure, à découvrir les compétences de son corps. Ainsi démarre une véritable éducation au respect de l'autre car l'enfant qui se sent respecté respecte son prochain. Cette attitude est également porteuse de joie. Elle resserre les liens entre l'enfant et les « figures parentales » qui l'entourent. Il lui est permis de s'exprimer et ce sentiment de liberté se propage d'un enfant à l'autre et de l'adulte aux enfants, créant un cercle vertueux favorable aux apprentissages et au développement de tous.

« Tu honoreras ton père et ta mère », dit Dieu à Moïse, sur le mont Sinaï. C'est en effet, une des choses à réaliser et parfois la plus difficile. Nos parents ont pu être pour certains abusifs ou au contraire, passifs voire indifférents. Bref, ils n'étaient pas là où nous les attendions. Pas d'oreille attentive, pas de câlins pour consoler des chagrins, pas de cadre pour assurer la sécurité. Il n'en reste pas moins qu'ils nous ont appelé à la vie et que sur le plan matériel et affectif, ils ont fait du mieux qu'ils ont pu. Il est important de le reconnaître. Non pas dans une attitude moralisatrice : « *on est chrétien, il faut bien pardonner* », disait une de mes grands-tantes, mais dans l'acceptation de ce qui est et la reconnaissance de tout ce que cette expérience de vie, dans ce milieu, nous a apporté en termes de dons, talents, qualités, profession et histoire de vie. Il s'agit d'honorer l'archétype du parent que nous serons un jour.

« Le XXIème siècle sera religieux… » (au sens étymologique du terme : relegare = relier), aurait dit Malraux, il sera aussi féminin. Nous quittons un univers masculin, fondé sur la compétition, la production, la consommation, pour un univers plus doux, fondé sur l'art, la poésie, l'intuition, la solidarité. En ce moment, la co-habitation entre notre cerveau gauche et notre cerveau droit est difficile. Comment mettre de la fantaisie et de la joie, dans un monde cadré, régulé, un monde rationnel ? Pourtant, entre les deux, il y a bien un espace où les fibres se croisent, sous le corps calleux. Alors ?

Pour se révéler dans toute sa puissance, le féminin a besoin d'être reconnu et valorisé. Tout homme arrive sur cette terre, à travers une femme. Même si l'éducation a cherché à lui faire nier cette part féminine qu'il porte en lui, elle est bien là. La reconnaître, l'accepter fera de chaque homme, un être à part entière, lui permettra de se réaliser pleinement. Reconnaître à la femme, sa place et son rôle de mère, c'est lui rendre sa dimension sacrée de transmetteuse de vie, c'est retrouver le caractère sacré de l'amour, de la sexualité et le contact avec la terre-mère. C'est changer notre comportement de prédateur épuisant la terre jusqu'à ce que mort s'en suive au profit d'une relation d'amour avec cette planète qui nous accueille et pourvoit à nos besoins. C'est retrouver du même coup, le lien avec la nature environnante et notre nature profonde. A ce point de la relation avec l'environnement, nous ne pouvons plus le stériliser à coups d'engrais divers et variés et nous retrouvons à l'intérieur de nous-mêmes, des gestes, des attitudes fondés sur l'échange.

Les femmes se battent depuis des siècles pour être reconnues à l'égal des hommes et pouvoir exprimer leur créativité. Il importe aujourd'hui que les hommes se mettent à l'école des femmes et tout particulièrement les médecins. Qu'ils sortent de leur superbe pour entrer dans la compréhension de la nature féminine afin de mieux la soigner. Que les gynécologues et les obstétriciens écoutent les sages-femmes afin que la manière de naître soit digne d'un être humain et susceptible d'améliorer le monde. Cela suppose une refonte des études médicales qui fasse une part plus large à la psychologie, à la pédagogie, et ne soit plus tributaire de l'argent et des intérêts pharmaceutiques. Il serait juste également que les sages-femmes n'aient plus à se battre pour exercer leur métier, à domicile, en plateau technique (en voilà un nom bizarre pour un lieu qui est censé permettre l'accouchement dans l'intimité !), en maternité. Il s'agit de se remettre à l'école et à l'écoute du vivant et ce faisant, de transformer une société mortifère en société porteuse de vie et de joie. Les sages-femmes méritent que nous leur rendions hommage.

Ce changement de comportement suppose une autre manière de penser. Depuis la « sinistrose » dénoncée par Raymond Barre, jusqu'au « french bashing » actuel, la société française se morfondait dans son marasme, se décourageait, se lamentait jusqu'à ce que l'attaque terroriste du 7 janvier dernier, lui rende sa fierté. Nous ne gagnerons rien à nous déprécier et à déprimer. Penser de manière positive ne demande pas plus d'efforts que penser de manière négative ; juste un peu d'entraînement pour sortir d'un conditionnement. Il est de bon ton en France, de se plaindre et de revendiquer. Si les travailleurs en d'autres temps ont dû utiliser la grève et d'autres formes de violence pour se faire entendre, il est urgent de passer à d'autres modes d'action. Celui-ci nous décrédibilise auprès de nos voisins européens. Un Anglais disait un jour que dès qu'un Français n'est pas satisfait, il se met en grève, comme un enfant à qui on refuse un jouet, se met en colère. Un Suédois ajoutait : « *nous avons réussi notre transformation économique car nous avons une culture de la solidarité. Vous, vous avez une culture du conflit, vous ne pouvez pas réussir* ». Il est temps en effet de devenir des adultes et de faire passer l'intérêt supérieur du monde dans lequel nous vivons, avant nos petits égoïsmes. Il est temps de faire des choix et cesser de réclamer, le beurre, l'argent du beurre et la crémière. Etre adulte et responsable, c'est assumer l'idée que toute décision porte en soi des avantages et des inconvénients et que nous sommes obligés de prendre les deux.

Taper du pied comme des enfants capricieux ne nous fait pas avancer. Souvenons-nous que la France est un grand pays et que nous sommes excellents dans de nombreux domaines : l'aéronautique, le luxe, la mode, le cinéma d'animation, acceptons le changement et préparons-nous à la 3ème révolution industrielle décrite par Jérémy Rifking. Les jeunes qui partagent tous leurs biens nous montrent la voie vers une économie du partage, de l'accès à tous les biens au détriment d'une propriété trop coûteuse et inadaptée au monde d'aujourd'hui. Epouser le regard très positif de cet économiste sur la France est susceptible de transformer notre relation au monde. Celui-ci changera aussi le regard de l'entreprise sur la femme qui travaille. Patron et salariées seront d'accord sur les priorités.

Tout cela nécessite un long cheminement individuel et collectif. Depuis deux siècles, les pionniers de la psychanalyse et de la psychothérapie ont défriché le terrain et la voie s'élargit, devenant accessible à tous. Les moyens pour accéder au bonheur vont d'un travail de développement personnel, d'une libération des mémoires prénatales et généalogiques à une politique globale à mettre en œuvre, en passant par la formation des jeunes, parents de demain. L'attention prénatale précoce, le care-giving prénatal, grâce à de nouvelles compréhensions des inter-actions entre l'humain et son environnement, nous paraîtront demain, « couler de source ». L'être humain retrouvera sa place et le respect dû à chaque génération : l'enfance pour sa fragilité, la vieillesse, pour son expérience et sa sagesse, l'adulte pour son travail, sa participation à la création du monde. Les lois soutiendront davantage la femme enceinte et l'enfant prénatal. Nos attitudes seront plus centrées sur la personne que sur la rentabilité. La solidarité se sera développée entre les familles et leur entourage social et professionnel.

.

3ème partie :

DES MOYENS AU SERVICE DU CHANGEMENT

« Le couple est la brique de base sur laquelle s'articule ensuite, l'ensemble des institutions sociales. Le couple, dans sa fonction de reproduction, est la matrice dans laquelle s'invente l'humanité du futur ».

Michel Saloff Coste, in « le management du 3ème millénaire »,
Trédaniel Editeur, Paris

LE CARE-GIVING, UNE SOLUTION AU PROFIT DE LA SOCIETE

C'est en maison de naissance, en entreprise et dans les crèches que la notion de care-giving, en français "prendre soin" est amenée à se développer. On a pu remarquer dans les maternités qu'un enfant s'attache d'autant à sa mère que celle-ci est entourée et peut donc se sentir disponible pour chérir l'enfant qu'elle porte. Les parents gestants s'ils sont eux-mêmes entourés, développent leur compétence parentale dans un climat de sécurité émotionnelle, prennent confiance en eux dans les soins apportés à l'enfant, et se révèlent des caregivers efficaces. L'attachement permet au nouveau-né de trouver sa place au sein de la famille et de la société. En entreprise, Le care-giving commence bien sûr, par l'adaptation du poste de travail pour la femme enceinte et un allégement des contraintes horaires. Il peut se poursuivre par une véritable éducation des collègues au soutien à la parentalité. De manière générale l'entourage se révèle sensible au besoin de « caregiving » des couples entrant dans le « parenting ». S'ajuster au statut de parent biologique peut être plus stressant que de devenir un parent adoptif ou un beau-parent. L'entreprise a certainement une mission à remplir pour garantir aux parents, les meilleures conditions d'accès à la famille, base de la société.

Une simple prise de conscience suffit pour comprendre qu'envoyer une jeune-femme faire des relevés d'odeurs sur un site classé Seveso, peut s'avérer risqué pour sa santé et celle d'un bébé potentiel. Or, aujourd'hui, aucune loi ne l'interdit. Par ailleurs, on nie encore l'effet délétère des ondes électro-magnétiques sur le développement humain. On sait pourtant que les ondes ont une incidence sur la matière vivante. La probabilité de cancers est multipliée par 7; celle de l'hypertension par 3; celle des psychoses, par 10. C'est dans son entreprise de Genève, la S.E.I.C. que Jacques Sürbeck, directeur de recherches, découvrit un lundi matin, que les bactéries abandonnées dans une boîte de Pétri, le vendredi soir par un laborantin pressé, devant un appareil de télévision, étaient mortes. Ce fut le début d'une nouvelle recherche. Il découvrit que l'onde pulsée des portables interfère avec l'onde linéaire de la cellule qui s'épuise pour faire face à cette radiation, ou meurt. Des expériences conduites par un professeur du CNRS, sur la mouche drosophylle, fit apparaître un taux de mortalité de 100 % lors de l'exposition aux ondes. L'exposition d'oeufs fécondés entraîne 75 % d'anomalies congénitales. Quand une personne passe 24 h devant un écran, la courbe de l'adrénaline s'inverse et celle-ci n'est plus évacuée par les urines. 4 h devant un écran entraînent une fatigue insupportable. Cela pourrait expliquer une partie de la violence d'une jeunesse désoeuvrée qui passe un grand nombre d'heures chaque jour sur des ordinateurs ou devant la télé. Du coup, nous pouvons nous demander si le recours systématique aux écrans dans l'Education Nationale est judicieux. Comment protéger les yeux de nos enfants et leur croissance, sachant que ceux-ci comme les ovaires et les testicules sont très sensibles aux radiations ¿ Plutôt que de nier des faits qui se révèleront de manière de plus en plus criante au fil du temps, ne vaudrait-il pas mieux équiper les utilisateurs, d'écrans et de lunettes de protection, comme on protège les travailleurs pour d'autres risques Faudra-t-il attendre un autre procès de l'amiante ?

Avec une subvention de 7 $ par jour et par enfant et un système fiscal bien pensé, le Québec a augmenté son PIB de 1,7% par le retour à l'emploi plus précoce des nouvelles mamans. Celles-ci confient leur bébé à des centres intégrés qui rassemblent en un même lieu, les crèches, garderies, écoles, services de santé. Un programme unifié compile les meilleures pratiques de la maternelle, de la petite enfance et de la famille et crée un environnement d'apprentissage stimulant. Les programmes et les méthodes sont davantage centrés sur l'enfant et son développement. Ils prévoient également des cours prénataux et l'accompagnement postnatal ainsi que les services de santé adaptés. Il associe les employés, les installations, les équipements, les fournitures et l'administration dans un but de performance financière. C'est au Bruce/Wood Green Early Learning Centre de la Bruce Jr. Public School, situé dans l'est de Toronto, que cette expérience a d'abord été tentée. Les enfants n'ont qu'un seul lieu d'accueil où ils retrouvent quotidiennement, les mêmes personnes. Ce système intégratif suppose un véritable partenariat entre les parents et les éducateurs. Il a pour conséquence, une plus grande adaptabilité des professionnels et un langage commun ainsi que la possibilité d'augmenter ses compétences au contact d'autres pairs. Les parents rassurés par la cohérence de l'ensemble, se sentent moins seuls et développent une grande confiance dans leur rôle parental. Le système a rapidement pris de l'ampleur offrant jusqu'à 235 000 places. Le Québec a également établi la preuve que penser en termes de qualité est beaucoup plus rentable que penser en termes de « nombre de places à fournir ». Cet état a réussi la prise en compte de toutes les matrices environnementales du « petit d'homme » et de la loi de résonance entre celles-ci. Il est en passe de proposer au monde entier, un modèle de développement économiquement rentable, fondé sur l'humain.

A l'heure où certaines villes de France se demandent comment elles vont pouvoir continuer à financer leurs crèches, ce modèle permettrait de créer les places qui manquent pour les enfants d'âge préscolaire. L'intégration de l'ensemble de ces services en un seul lieu, une véritable collaboration entre les parents et des éducateurs dûment formés, pourraient répondre à la problématique « concilier vie familiale et vie professionnelle ». Ces centres offrant des services intégrés pourraient trouver leur place dans les quartiers, les zones artisanales ou industrielles et bénéficier du soutien financier des entreprises et de l'état. Les gestionnaires de crèches d'entreprises pourraient y trouver également leur place.

La création d'un revenu de base pour chaque membre d'une famille imaginée par des économistes allemands et suisses, résoudrait un grand nombre de problèmes actuels : ce serait la fin de la misère, de l'exploitation de l'homme (et encore plus de la femme) par l'homme, la distribution équitable des richesses, l'accès à une nourriture saine et abondante pour tous, la fin du chômage. L'application de cette idée résoudrait la question actuellement sans réponse du salaire maternel. L'état récupèrerait une large partie de ses ressources financières par la disparition de pôle-emploi, l'allègement de l'organisation administrative, la disparition d'un certain nombre de services devenus inutiles : commissions de sur-endettement ou allocations familiales, par ex. On ne travaillerait plus pour se nourrir mais pour se faire plaisir, se développer, se réaliser. Chacun pourrait choisir le nombre d'heures qu'il accorderait à son travail. Chaque salarié organiserait sa vie professionnelle pour son bien-être, celui de sa famille, celui de l'entreprise. Chez Virgin, il est bien vu d'être souvent en congé. Les salariés devenus totalement responsables de l'atteinte de leurs objectifs et de leur organisation gagnent en autonomie et par conséquence, en confiance, en respect. Ils partent en vacances avec leur ordinateur et passent une partie de leur temps en télé-travail. Ils sortent du cloisonnement entre vie privée et vie professionnelle. Au travail, ils sont moins sous pression ; à la maison, ils sont aussi des salariés. Google est passé maître dans la mise en œuvre de moyens de détente afin de développer la créativité de ses salariés. Ceux-ci disposent même au travail, d'un temps très apprécié pour leurs projets personnels. De cette façon, le temps familial entre officiellement dans l'entreprise. Avec le développement du travail à distance, l'entreprise entre aussi dans les foyers, ce qui rend la vie moins contraignante, plus fluide, chaque salarié s'organisant comme il l'entend.

Le passage de l'ancien monde au nouveau nécessite une prise de conscience et une transformation des schémas dans lesquels nous sommes enfermés. Aujourd'hui encore nous fonctionnons malgré nous sur des mémoires, des croyances, des peurs selon lesquelles l'homme est mauvais dans son essence est doit être contraint ; l'enfant est mauvais et doit être corrigé, puni. Même si intellectuellement, nous savons que cela est faux, nos comportements sont souvent le reflet de cette croyance. Ce passage nécessite également du sang-froid, du courage, de l'imagination. Les réformes, les rustines, le replâtrage, ne peuvent créer que des situations de plus en plus explosives. Il est temps d'oser le Nouveau, de dissocier le travail du revenu, de créer de nouvelles formes pour l'épanouissement de la vie. L'homme ne vient pas sur terre pour travailler. Il vient pour faire l'expérience de la joie, communiquer avec ses semblables, avec le monde et lui offrir l'expression de son génie créatif.

DES POLITIQUES POUR L'AVENIR DE L'HUMANITE

L'inter-action entre les disciplines humaines et scientifiques a fait apparaître la notion de « consilience », c'est-à-dire le fait que ce que les chercheurs découvrent dans une discipline est souvent corroboré par une autre. Nous ne pouvons plus aujourd'hui, ignorer l'inter-action entre les gènes et l'environnement. Les conséquences de celle-ci sur la santé et le développement de l'individu nécessitent de nouvelles politiques en faveur des enfants et des familles. Une attitude de prévention efficace aura pour fondement des collaborations transdisciplinaires entre les scientifiques, les psychologues, les éducateurs et les politiques. Ce qu'a très bien compris l'Université de Toronto qui est en train de créer un institut de développement humain pour regrouper les chercheurs, les cliniciens, les travailleurs sociaux et les éducateurs. Son champ d'activité s'étendrait de la recherche scientifique de base à la santé et à la microbiologie, en passant par la recherche appliquée en éducation. Des collaborations interdisciplinaires existent déjà afin d'élaborer des cours de premier cycle sur le développement de l'humain en début de vie, pour tous les étudiants. Les avancées de la science et de la psychologie conduisent les états à prendre en compte la vie prénatale comme fondement de la personne humaine et de la qualité du futur citoyen.

En Amérique latine, Cuba détient le meilleur taux de mortalité avant l'âge d'1 an. Le programme polyclinique pour les femmes enceintes et les mères de jeunes enfants est offert dans tous les quartiers afin d'appuyer le développement sain *in utero* et pendant l'enfance.

La Colombie a intitulé son projet: *"La Colombie par la première Enfance".* Eva Borrero Aibar, professeur d'éducation de l'enfant explique ce point de vue: *"La question de l'attention intégrale pour les enfants à partir du moment de la conception jusqu'au l'âge de 6 ans, est d'une importance croissante dans la plupart des pays d'Amérique latine. C'est une étape cruciale pour le développement intégral de l'homme dans tous ses aspects: biologique, psychologique, culturel et social. Elle est cruciale aussi pour la structuration de la personnalité, l'intelligence et le comportement social. Les États comprennent que la protection, la croissance et le développement du capital humain doit être initié dans le processus de la gestation et continuer pendant toute la petite enfance…Maintenant, nous savons avec certitude que tout commence là, dans le ventre de la mère, dans le premier environnement du fœtus…L'état émotionnel de la mère pendant la grossesse, ses sentiments, le temps immédiatement postérieur à la naissance, les 2 mois avant la conception déterminent la relation mère-enfant, les futures relations de l'enfant, son coefficient intellectuel, sa capacité à aimer, à être aimé, sa personnalité, son tempérament, son équilibre… Par conséquent, le temps qui va de la grossesse aux premières années de la vie est si décisif, que nous devrions tous, individus, société, et surtout les gouvernements, prendre conscience, de la nécessité d'assurer aux mères enceintes, des conditions convenables, pour une grossesse tranquille et sûre. En définitive, c'est l'avenir de tous qui se joue là."*

En Corée, depuis les années 80, de nouvelles institutions proposent des cours d'attention prénatale précoce, auprès des futurs et des jeunes mariés ainsi qu'aux étudiants. Pour les parents et le futur bébé, les hôpitaux, les cliniques, organisent des cours et des ateliers avec musique prénatale, contes et dialogues prénataux, arts plastiques, yoga, etc. Les centres culturels proposent des événements tels que la fête de la lecture et des concerts pour que les parents et le bébé passent des moments paisibles, joyeux et heureux. Il existe une bibliothèque spécialisée pour les femmes enceintes.

Les expériences du début de la vie influencent l'architecture et le fonctionnement du cerveau qui eux-mêmes déterminent en grande partie, le devenir de l'individu. Les parents ont besoin d'être soutenus dès la conception et surtout largement informés avant celle-ci. Le congé parental accorde aux pères, une place plus importante dans la vie de leurs enfants dès leur arrivée et de ce fait, leur rend leur place dans la création de la famille. Ce soutien aux hommes en période périnatale les aide à s'engager beaucoup plus tôt dans leur parentalité, à mieux accepter et mieux vivre les changements dus à cette situation, à se sentir plus proches de leurs enfants et prévient les troubles familiaux.

Le passage à la parentalité peut être aidé par les politiques gouvernementales et les nombreuses associations qui proposent aux futurs parents, des espaces de réflexion. Ceux-ci peuvent alors partager leurs besoins, leurs préoccupations, leurs croyances, leurs valeurs, leurs questionnements quant à l'éducation de leurs enfants, se sentir soutenus dans leurs compétences et confortés dans leur rôle. En France, ces associations sont très nombreuses. Ce sont des lieux où s'expriment les émotions et les angoisses des parents face à la drogue, la société de consommation, les conflits familiaux, la place du père, etc. C'est une façon pour la société de créer avec les parents de nouveaux savoir-faire en matière d'éducation et la matrice environnementale acquiert de ce fait, compétence dans la bientraitance des parents. Ce modèle se tranmet alors aux enfants par empathie. L'environnement devient partenaire des parents et de leur rôle éducatif. Ils sont amenés à mobiliser leurs ressources au bénéfice de l'enfant. Ils renforcent leur pouvoir d'agir sur eux-mêmes. Cette forme d'éducation permet le partage d'expérience et lui donne plus de sens. La préparation psychologique à la conception, la gestation, l'accouchement, nous libère des conditionnements et nous rend notre puissance. En nous libérant des peurs conscientes et insconscientes transmises depuis la nuit des temps, par des générations successives, nous sortons de la guerre que nous nous faisons à nous-mêmes avant de la faire aux autres. La transformation de notre regard sur l'enfance, la petite enfance, la vie prénatale est susceptible d'entraîner très rapidement chez les nouvelles générations, de nouvelles compétences. Notre investissement à accompagner ces nouveaux enfants peut changer la société en profondeur et d'une manière durable, au bénéfice de tous.

LA SOLUTION EMERGENCES MATRICIELLES
ECOLE DE LA PARENTALITE

« Un esprit sain dans un corps sain ; un corps sain, dans un environnement sain». Ainsi peut-on résumer le travail à accomplir dans tous les milieux, à tous les échelons. Cette seule vision devrait guider notre action pour le bonheur des générations à venir. Rétablir l'homéostasie de tous les systèmes et remettre le vivant au cœur de nos préoccupations est une lourde tâche qui méritera bien toutes les capacités imaginatives des nouvelles générations. Emergences Matricielles est un organisme de formation qui œuvre dans cette direction. Il s'adresse aux parents et futurs parents, aux professionnels, à l'entreprise.

La relation de couple

Les relations entre un homme et une femme qui s'aiment se compliquent des relations entre leurs différentes matrices et à l'intérieur de celles-ci leurs différentes mémoires. On peut supposer comme en Analyse Transactionnelle, des communications parallèles, croisées, à double fond, rendant très complexes les relations entre les êtres humains, expliquant leurs jeux de dépendance et contre-dépendance, entravant l'avènement d'un adulte sain, épanoui dans des relations d'inter-dépendance. Le manque de maturité, la confusion entre amour et sexualité, le jeu des hormones à l'occasion des rencontres conduisent beaucoup de couples à procréer sans s'assurer de la pérennité de leurs sentiments et de la durabilité de leur union.

La relation conjugale est le socle sur lequel se construira la relation avec l'enfant. Selon sa qualité, elle facilite ou au contraire, complique la relation éducative. Le couple satisfait de sa relation amoureuse se perçoit plus compétent, dans son futur rôle auprès de l'enfant et gagne en confiance.

Le passage à la parentalité

Le « devenir parent » s'accompagne naturellement d'un sentiment de responsabilité accepté ou refusé. Celui-ci se fonde sur la vie de couple et les représentations différentes quant à l'éducation des enfants. Si le projet commun d'avoir un enfant donne naissance à l'identité parentale, celle-ci trouve sa source dans notre enfance. In-utero, nous avons tous déjà senti ce que c'est qu'être parent. Nous l'avons vécu d'une manière sensorielle et affective. Nous nous en sommes fait une certaine représentation. Ceci explique pourquoi des personnes qui n'ont pas eu d'enfant peuvent se sentir père ou mère et prendre soin d'enfants comme s'ils s'agissaient des leurs. La dimension du parent, nous l'avons vécue également dans les relations que nous avons partagées avec nos propres parents et les sentiments positifs ou négatifs qu'elles ont suscités. Nous portons en nous, le souvenir de l'amour et des soins que nous avons reçus ou qui ont manqué, de la protection et de l'autorité assurées ou non et parfois de violences vécues. Nous connaissons intuitivement les comportements qui rassurent, ceux qui angoissent, même si nos mémoires nous empêchent souvent d'être le bon parent que nous souhaiterions être.

L'identité parentale découle aussi de l'identité personnelle. Développer une bonne estime de soi, utiliser ses ressources, gérer son stress grâce à un accompagnement global suscite ou nourrit la foi du parent en ses compétences ; l'assurance remplace la peur. L'activation de nouvelles connaissances rend plus aisée l'adaptation à une situation de parent en devenir. La personne entre alors dans sa compétence parentale et devient un care-giver efficace dès la période prénatale.

L'école de la parentalité propose la formation à l'affectivité qui manque cruellement dans notre société. Elle accompagne les couples dans la résolution de leurs difficultés quotidiennes et de leurs conflits. Elle les aide à développer leurs compétences conjugales et parentales.

Elle forme des accompagnants à la parentalité

Un accompagnement des futurs parents est nécessaire pour les informer sur les transformations liées au passage à la parentalité et changer notre regard sur la place de la famille dans notre société. L'accompagnement dès le début de la vie est pris en charge par la nature elle-même qui assure la vie du pré-embryon dès la 1ère cellule ; idéalement, l'accompagnement du fœtus est assuré par la mère et les deux parents ; l'accompagnement de la mère par le père ; l'accompagnement de la triade devrait être pris en charge par l'entourage socio-professionnel, les personnels de la santé et de l'éducation. La manière dont s'effectue le passage à la parentalité, le regard des parents, amis, collègues influence les futurs parents et leur relation éducative auprès de l'enfant. Ce soutien à la famille devrait se mettre en place auprès du couple, dès le désir d'enfant.

Le soutien du professionnel auprès des futurs parents et sa foi dans leur compétence parentale sont garants du développement de celle-ci. Cela suppose de la part des accompagnants, un « regard positif inconditionnel » qui conduit à l'autonomie et la conviction selon laquelle les parents ont la capacité à agir sur eux-mêmes, leur enfant, leur environnement.

Des accompagnants à la parentalité devraient avoir pour tâche dès maintenant d'accueillir les jeunes couples dès leur désir d'enfant et pourquoi pas dès leur désir d'union, comme le font les conseillers conjugaux et certains groupes religieux. Les jeunes devraient être accompagnés dès la puberté par rapport au désir sexuel et à celui de fonder une famille. Dans cette nouvelle culture, basée sur une fraternité réellement vécue, des professionnels restent à former pour offrir à la jeune-fille puis à la femme enceinte un havre de paix où elle puisse exprimer ses émotions, ses interrogations, ses peurs. Facilitateurs, ils assureront le rôle d'écoutant qu'une société aux structures éclatées n'assure plus et une présence réconfortante auprès de futurs parents en proie à des doutes vis-à-vis de leur nouveau rôle, de leurs nouvelles responsabilités. Ils auront pour mission de les aider dans leurs nouvelles fonctions.

Ces nouveaux professionnels, tels que nous les imaginons, auront développé le sens des responsabilités, des qualités de respect, d'empathie, de souplesse. Ils auront la capacité à s'adapter à tout profil de parents et à savoir prendre en compte leur problématique spécifique. Ils les préparent à l'accompagnement l'un de l'autre et à l'accompagnement du bébé in-utero. Ils les accueillent dans la relation qu'ils entretiennent avec eux-mêmes, avec leur partenaire, avec leur environnement. Ils les accompagnent aussi dans le choix de mettre au monde un enfant et leur transmettent à bon escient, les connaissances scientifiques et psychologiques relatives à la prénatalité. Ils les conseillent sur les comportements sains et écologiques à acquérir afin d'éveiller tout le potentiel de développement du futur enfant. Ils transmettent des moyens de communiquer harmonieusement avec le foetus et le nouveau-né. Ils s'attachent à déculpabiliser les parents si besoin, les réconforter, faciliter le contact avec l'enfant. Ils aident au développement de la sensibilité maternelle pour permettre la mise en place d'un caregiving fonctionnel et sain. Ils recueillent leurs émotions et renforcent leur sentiment d'auto-efficacité.

La valorisation des parents, leur formation, le soutien que les accompagnants peuvent apporter permettent de gagner beaucoup de temps, favorisent l'épanouissement des enfants dès la période prénatale, facilitent le développement du cerveau et les apprentissages. Relais des professionnels de santé et d'éducation, ils rassurent, soutiennent, orientent. Ils favorisent le développement des capacités créatives chez les parents et le futur enfant : musique, chant, danse, peinture, élargissant ainsi les compétences des parents et celles de l'enfant à naître. Ces accompagnants à la parentalité informent les jeunes très tôt, dans les écoles. Dans un langage adapté, ils répondent à la curiosité et l'intérêt des tout petits pour les mystères de la vie.

Le cursus :

La formation des accompagnants couvre les domaines suivants :

✓ Connaissances scientifiques et psychologiques relatives à la conception, la grossesse, l'accouchement

✓ Connaissances en génétique et épigénétique

✓ Neurosciences

✓ Communication authentique

✓ Relation d'aide

✓ Théorie de l'attachement

✓ La famille

✓ Psycho-généalogie et transgénérationnel

✓ Pratique d'ateliers artistiques.

Accompagnement de l'entreprise

Emergences Matricielles encourage un management holistique dans des entreprises qui considèrent leurs salariés comme des personnes à part entière et non seulement comme des rouages de l'économie. Ces entreprises de plus en plus nombreuses passent de la hiérarchie pyramidale au fonctionnement en réseau et accordent une grande confiance à leurs collaborateurs. Le bien-être qui en résulte concourt au développement de l'entreprise et à l'épanouissement des salariés. EM accompagne l'entreprise et ses projets dans la prise en compte de la parentalité, et la gestion des risques psycho-sociaux, par des formations telles que:

✓ Le manager dans le soutien à la parentalité

✓ Gestión du stress des futurs parents

✓ Management libéré

✓　Et autres

Ainsi qu'une démarche d'accompagnement de la parentalité dans l'entreprise: comment valoriser le statut parent des salariés ? Comment les accompagner ?

La naissance transforme le couple en famille et les conjoints en parents. Le passage à la parentalité peut être aidé par un accompagnement dès la grossesse et même avant la conception. Les matrices environnementales : familles, entreprises, maternités, écoles, peuvent être davantage partenaires de cet accompagnement pour le bénéfice présent et futur de la société. L'accompagnant du couple autorise chacun à vivre et exprimer ses émotions, dans une démarche de santé préventive qui en évitant des maladies dues à des conflits psychiques, devient du même coup, une démarche de santé publique. Les parents accompagnés s'adaptent plus facilement à leur nouvelle condition, prennent confiance en eux et s'autonomisent. Chaque couple mérite donc ce soutien, pour le bénéfice du couple lui-même, de chaque partenaire, de l'enfant, de la famille et de la société tout entière.

LES PARENTS SONT LES ARCHITECTES DU NOUVEAU MONDE.

Les parents sont les architectes de leurs enfants. Ils sont aussi les architectes du nouveau monde. Nous voulons prendre en compte ce que nous savons aujourd'hui de l'être humain, de la nécessité de nous accompagner les uns les autres, dans une vision globale de qui nous sommes. Une femme qui accouche n'est pas un objet d'étude et les maternités ne doivent pas être des usines. Il faut cesser d'opposer rentabilité et humanité. Partout où de nouvelles structures et de nouvelles pratiques se mettent en œuvre, elles se révèlent rentables. Il nous faut changer de paradigme. L'éducation et la santé doivent être revisitées en fonction des nouvelles connaissances des neurosciences, de la génétique, de l'épigénétique, de la psychologie. L'être humain doit être considéré en tant que tel dès sa conception. Ceci ne remet pas en cause le droit à l'avortement. Cela veut dire simplement que le choix des parents s'effectuera en fonction de nouvelles connaissances entraînant de nouvelles pratiques : l'entretien censé favoriser le choix doit devenir un véritable entretien d'aide. Cet accompagnement doit en même temps transformer le sentiment de culpabilité souvent attaché à cette décision. Cela suppose également qu'une véritable éducation à la vie affective et sexuelle soit mise en place dans les écoles, dès le plus jeune âge, à travers des relations éducatives bienveillantes. Cette valorisation de l'être humain changera notre regard et nous deviendrons tous partenaires des nouvelles vies qui éclosent. Les mères et les grands-mères retrouveront leur place auprès des jeunes femmes. Celles-ci se soutiendront mutuellement dans la joie. Les pères seront fiers de leurs nouvelles responsabilités. L'éducation de l'enfant se fera tout naturellement, portée par des matrices sociales mieux informées. Le regard valorisant de la société sur la femme enceinte, la famille restaurera des équilibres. Certes la société de demain ne sera pas parfaite. Peut-être plus vivante, plus gaie, plus sereine. On peut en voir les prémisses aujourd'hui dans les maisons vertes de Françoise Dolto, les écoles Montessori et dans toutes les initiatives qui apparaissent depuis peu : économie solidaire, transition citoyenne, printemps de l'éducation. De nouveaux liens se tissent à travers des associations, des groupes de parole, des Services d'Echanges Libres. De nouvelles monnaies voient le jour. Les citoyens auront repris leur destin en main, les vieilles formes auront laissé la place à de nouvelles. L'épanouissement personnel de chacun sera l'objectif à atteindre. Les métiers changeront. Les élèves seront orientés selon leur goût et non plus selon les besoins des entreprises ou du marché. Au final, nous ne manquerons de rien.

AIX LES BAINS
Le 1er juillet 2015

NOTES DE L'AUTEUR(E)

C'est volontairement que nous avons mis au féminin le mot « ovule » traditionnellement masculin.

De la même façon, nous avons créé le verbe « gester » et l'expression « parents gestants ».

Le caregiving est une expression américaine qui désigne le « prendre soin ». Les soignants, parents, éducateurs sont des « caregivers » : des personnes qui prennent soin d'autres personnes.

Le « parenting » désigne le fait d'entrer dans la parentalité, c'est-à-dire de devenir parent.

Pour me contacter :
contact@emergencesmatricielles.fr
site: www.emergencesmatricielles.fr

SOURCES

LIVRES

- Ashley Montagu : La peau et le toucher, ed. Seuil

- Didier Anzieu : Le Moi-peau :

- Anne Givaudan, Daniel Meurois : Les 9 marches

- Marie-Claire Busnel et al. : Ce que savent les fœtus :

- Alice A. Bailey : Les travaux d'Hercule, association Lucis Trust

- Marie-Louise Aucher : Vivre sur 7 octaves ; l'homme sonore ; le chant de l'énergie ; en corps chanté ; les plans d'expression ; Ed Hommes et groupes

- Marie-Andrée Bertin : L'éducation prénatale naturelle, un espoir pour l'enfant, la famille, la société, ed. Favre

- Jean-Philippe Brébion : l'Empreinte de Naissance» ed. Quintessence

- Alfred Tomatis : La Nuit utérine, Paris, Stock, 1981 ; L'Oreille et la Vie, Paris : Éditions Laffont, 1987

- Elisa Bénassi : canto in gravidanza

- Jean-Marie Pelt et Jean-Pierrre Cuny, la prodigieuse aventure des plantes, Fayard

- Morris West, les enfants du soleil , éd. Voici

- Ioanna Mari, Education prénatale- L'éducation de l'enfant commence à la conception Ed. Pyrinos

- Dr Claude Imbert : faites vous-même votre psychothérapie ; un seul être vous manque…auriez-vous eu un jumeau ; guérir les secrets de vos mémoires d'embryon ; l'avenir se joue avant la naissance ; ed. Visualisation Holistique

- Boris Cyrulnik : l'ensorcellement du Monde, ed. Odile Jacob

- Masaru Emoto,Le Message Secret de l'Eau

- Encyclopédie de la santé et de la sécurité au travail

- Patrice Van Eersel, Le Cinquième Rêve ; le dauphin, l'homme, l'évolution ; le livre de poche
- Barry Lang : faire l'amour d'une manière divine
- Christiane Collanges, je veux rentrer à la maison
- Guillaune Apollinaire, Alcools
- Guy Corneau : le meilleur de soi, ed. J'ai lu, Bien-être
- Paulo Coeho, Aleph, ed. J'ai Lu
- Jack Kornfield : A path with Heart
- Hugues Minguet l'éthique ou le chaos
- Vincent Lenhardt les responsables porteurs de sens
- Jérémy Rifkin : la 3ème révolution industrielle
- Jamie Sams : les 13 mères originelles
- Daniel Stern : «journal d'un bébé , ed. Odile Jacob
- Michel Saloff Coste : la management du 3ème millénaire , Guy Trédaniel, Editeur
- René Egli : le principe LOL2A, ed d'Olt, Oetwill

FILMS

- Le peuple migrateur , Jacques Perrin, Jacques Cluzaud et Michel Débats, 2001.
- Dialogue à 3 voix , Bruno Ducoux
- Solutions locales pour un désordre global , Coline Serreau
- Le premier cri , thermoflash, octobre 2077
- le revenu de base : *www.youtube.com/watch?v=-cwdVDcm-Z0*

EMISSIONS

- Les grands du rire, FR3, le samedi 8 février 2014.

- In-utero, canal 59, le 10 /04/2014
- 13 h 15, dimanche, A2, le 5/10/14
- Thalassa, le 15/04/2011
- Terre sous influence, France 5, le 12 juin 2014
- La mémoire de l'eau, France 5, le 5 juillet 2014
- Nat Géo Wild, le 25/07/2014 : les Zarbis ; instincts sexuels sans tabou
- Les Mémoires d'un bébé , France 2, Infra-rouge, mars 2013

CONFERENCES, COURS

- L'embryologie, conférence du Dr Olivier Soulier, 1ères académies de naturopathie, Aix les Bains, 2014
- Coaching matriciel, François Schmitt
- Françoise Ausset : la gymnastique sensorielle consciente : Fréjus, 2013
- Laura Lisi ; introduction à la psychophonie, Madrid, 2005
- *Rapport Région Nord-Pas de Calais (2004) - Lecluse et Wacquet* (1999) sur Le soutien et l'accompagnement de la fonction parentale
- Visio-conférence d'André Colinmaire sur la cellule. 2015

MEMOIRES

- Yves Lambert : la préparation à devenir parent, vers un accompagnement éducatif – mémoire de maîtrise, université de Sherbrooke
- Dr Aurore Blan : la théorie de l'attachement : principaux concepts, implication dans le développement, la santé et les pratiques professionnelles ; importance de la période prénatale ou la grossesse comme période clef dans la construction du caregiving. Faculté de Médecine de Montpellier, 2010
- Claude MARTIN, Directeur de recherche CNRS, Centre de recherche sur l'action politique en Europe, IEP de Rennes, Directeur du LAPSS – Ecole nationale de la santé publique, Avril 2003. Rapport pour le Haut Conseil de la

Population et de la Famille : « La parentalité en questions ; Perspectives sociologiques ».

- Mesures prometteuses pour diminuer le recours aux interventions obstétricales évitables pour les femmes à faible risque, Septembre 2012, Institut national d'excellence en santé et en services sociaux, Québec

- Julie Menuel, « Devenir enceinte -- Socialisation et normalisation pendant la grossesse : Processus, réceptions, effets » ; Master 2 en Sciences Sociales – Mention Sociologie -Spécialité Genre, Politique et Sexualités – Année 2010/2011 ; Ecole des Hautes Etudes en Sciences Sociales -- 1er prix Cnaf 2011

- Publication UNICEF France, audition de la France, 2009 : Application de la Convention relative aux droits de l'Enfant.

REVUES

- Dossier de l'obstétrique n° 391, mars 2010 ; extraits du mémoire de Claire Treibos

- 2012 Systematic Review of Pesticid Health Effects. Toronto, ON : Ontario College of Family Physicians

- Nutrimenthe International conférence, Granado Conference and exhibition Center, 2013 in Principes de santé, n° 60, octobre 2013 ; n° 67, mai 2014 ; n° 69, août 2014 ;

- Article du Figaro, L'impact de la naissance sur le psychisme de l'enfant 10/01/11 ; interview de Myriam Ott Rabiet, psychanalyste

- Soleil Levant, l'hypnonaissance, un nouveau paradigme dans le monde de la naissance ; François Gerland

- Nouvelles Clés, le nouveau-né, un voyageur cosmique ; interview de Jean-Pierre Relier, le 18 avril 2011

- Plantes et Santé n° 88, février 2009

- Le Courrier, jeudi 30 septembre 2010 (journal suisse)
- Dr Peter W. Nathanielsz, Vie intra-utérine: les origines de la santé et de la maladie, 1999, cité dans Nexus magazine, 44, 39
- Biocontact n° 229, novembre 2012
- Effervesciences N° 100, mai-juin 2015
- McCain, M.N., J.F. Mustard et K. McCuaig (2011).

Le point sur la petite enfance 1 : un départ intelligent pour l'école et pour toute la vie

Le point sur la petite enfance 2 : la petite enfance et l'apprentissage ; le comportement et la santé Toronto : Margaret & Wallace ; McCain Family Foundation.

SITES INTERNET

http://www.la-psychologie.com/relation_parent_nourrisson.htm

http://secouchermoinsbete.fr/

www.**imbci**.org

*gerp.free.fr/**Grof**.htm*

http://www.observatoire-parentalite.com

www.La nutrition.fr via Bio infos n° 77, octobre 2009

Santé mentale – Synthèse Encyclopédie sur le développement des jeunes enfants ©2013 CEDJE / RSC-DJE –ii

Arturas Petronis, Laboratoire Krembil d'Epigénétique Familiale du Centre de Santé Mentale et des Addictions, de Toronto.

http://www.excellence-jeunesenfants.ca/documents/Brousseau-Jete_2008-09FRA.pdf

http://www.excellence-jeunesenfants.ca/documents/Tremblay_RapportAgression_FR.pdf

http://www.brigittedenis.com

http://www.amge.ch

http://lemonde.fr

- /2014/05/23/au-bresil-la-cesarienne-est-devenue-un-curieux-marqueur-social

- 2012/11/23/a-amsterdam-des-femmes-viennent-de-tout-le-pays-pour-accoucher-dans-l-eau

www.lefigaro.fr

- 2010/03/04/ travail-les-femmes-enceintes-toujours-plus-discriminées

www.sos-papa.net

www.insee.fr

www.defenseurdesdroits.fr

www.un.org/womenwatch

- Convention sur l'élimination des toutes les formes de discrimination à l'égard des femmes

www.unicef.fr

- Déclaration des Droits de l'Enfant

http://www.contaminations-chimiques.info

Table des Matières

.

www.ingramcontent.com/pod-product-compliance
Lightning Source LLC
Chambersburg PA
CBHW020614270326
41927CB00005B/327